Disney
LA GRANDE FÊTE DES
PRINCESSES

HISTOIRES de PRINCESSES COURAGEUSES

RÉCITS DE :
Aubre Andrus
Sudipta Bardhan-Quallen
Marie Chow
Erin Falligant
Suzanne Francis
Eric Geron
Kalikolehua Hurley
Kelly Starling Lyons
Kathy McCullough
Kitty Richards
Elizabeth Rudnick

ILLUSTRATIONS DE :
Nabi H. Ali
Nicoletta Baldari
Liam Brazier
Alina Chau
Nathanna Érica
Sara Kipin
Ann Marcellino
Tara N. Whitaker
Alice X. Zhang
Studio IBOIX

ILLUSTRATION DE COUVERTURE :
Kate Forrester

SOMMAIRE

LA REINE DES NEIGES

TIANA

Tiana est une visionnaire qui aime, comme son père, partager un bon repas avec les autres. Elle croit que la seule façon d'obtenir ce que l'on veut est de travailler dur. Elle est concentrée et déterminée à atteindre ses objectifs. Mais lorsqu'elle a été accidentellement transformée en grenouille, Tiana a appris qu'aimer est tout aussi important. Aujourd'hui, en tant que princesse, Tiana vit avec son mari, le prince Naveen, et gère son propre restaurant, le *Tiana's Palace*.

BIENVENUE CHEZ JAMES !

HISTOIRE ÉCRITE PAR KELLY STARLING LYONS
ET ILLUSTRÉE PAR TARA NICOLE WHITAKER

La princesse Tiana flânait sur le toit-terrasse de son restaurant. Elle contemplait Évangéline, l'étoile du soir, qui brillait dans le ciel de satin. Lorsqu'elle était enfant, son père lui disait de croire au pouvoir des vœux, mais de toujours se souvenir qu'il faut faire des efforts pour qu'ils se réalisent.

– N'est-elle pas magnifique ? murmura Tiana alors que son mari, le prince Naveen, la rejoignait.

Tiana sourit à Naveen. Elle aurait tant aimé que son père puisse le rencontrer. Il était mort avant que toutes ces choses incroyables n'arrivent dans sa vie. Elle avait toujours du mal à croire qu'elle avait été transformée en grenouille, qu'elle avait épousé Naveen et qu'elle était devenue princesse. Et puis il y avait le restaurant qu'elle avait inauguré en l'honneur de son père : il avait toujours rêvé qu'ils en ouvrent un ensemble.

Transformer une confiserie délabrée en un restaurant convivial : ce rêve était passé du cœur de son père au sien. Naveen l'avait aidée à transformer ce bâtiment en ruine en *Tiana's Palace*, connu à des kilomètres à la ronde. Les gens faisaient la queue pour goûter le célèbre *gombo* de son père, et ses savoureux beignets. Il aurait été si fier.

Tiana pensait beaucoup à lui, surtout lorsque la date de son anniversaire approchait.

– Je veux faire quelque chose de très spécial pour rendre hommage à papa cette année, décida-t-elle.

TIANA EST :

Ambitieuse
Optimiste
Indépendante
Déterminée
Résiliente
Travailleuse
Accueillante

SON RÊVE :

Ouvrir son propre restaurant

MOMENT HÉROÏQUE :

S'aventurer dans le bayou pour briser le sortilège du maître des ombres

COMPAGNON :

Ray

CITATION CÉLÈBRE :

« Tout ce que je veux prouver, c'est que papa ne s'est pas donné autant de mal pour rien. »

– *Ashidanza !* répondit Naveen dans son maldonien natal. C'est une excellente idée. Tu peux compter sur moi pour t'aider.

Mais que pourrait-elle bien faire ?

Le lendemain matin, Tiana partit en mission. L'anniversaire de son père aurait lieu dans une semaine à peine. Elle devait trouver quelque chose de parfait.

La jeune fille savait exactement par quoi commencer : elle allait rendre visite à sa maman, Eudora.

En entrant dans la maison de son enfance, Tiana s'émerveilla de la robe couleur rubis que sa mère était en train de confectionner. Dans ses mains, le tulle, la dentelle et les rubans devenaient plus puissants qu'une baguette magique. Elle était la meilleure couturière de toute La Nouvelle-Orléans.

– Maman, dit Tiana en l'embrassant sur la joue, tu t'es surpassée ! La Première Dame et la reine de Maldonie seraient jalouses de cette robe.

– Merci, chérie, répondit Eudora. Mais tu n'as pas fait tout ce chemin pour me complimenter sur la robe. Qu'est-ce qui te tracasse ?

Tiana prit la photo de son père en uniforme de l'armée qui trônait sur la table de sa mère. La croix de service qu'il avait reçue en récompense de son héroïsme pendant la Première Guerre mondiale se trouvait tout près.

– L'anniversaire de papa approche. Je veux faire quelque chose qui rappelle aux gens qui il était.

– Tu nous honores, lui et moi, chaque jour, déclara sa mère. En étant simplement toi.

– Je sais, maman, acquiesca Tiana. Tu te souviens que papa avait l'habitude de nous offrir des cadeaux pour son anniversaire ? Il insistait pour cuisiner du *gombo* et invitait tout le monde à le partager. Nous mangions sous le porche et passions la soirée à rire. Il a consacré toute sa vie aux autres. Il mérite que je lui rende hommage.

– Oui, James était un homme bon. Je n'essaierai pas de t'en dissuader. Et je sais que tu es aussi têtue que lui, lança Eudora en riant. Tu n'arrêteras pas tant que tu ne seras pas arrivée à tes fins.

Tiana repartit de chez sa mère le baume au cœur, mais toujours aussi perplexe quant à ce qu'elle devait faire. Sur le chemin de son restaurant, elle aperçut un homme et une femme qui demandaient de l'argent aux passants pour manger. Leurs visages étaient pâles. Ils portaient des vêtements vieux et déchirés.

Tiana se sentit bouleversée de les voir si affamés. Son père disait toujours qu'une marmite de *gombo* ne remplit pas seulement l'estomac ; elle remplit aussi le cœur d'amour.

– Je m'appelle Tiana, se présenta-t-elle. Comment vous appelez-vous ?

– Je suis Fleur, dit la femme, et voici mon mari, Jean. Nous sommes dans une passe difficile, et nous avons besoin d'un peu d'aide pour en sortir.

– Venez au *Palace*, s'exclama Tiana, et commandez quelque chose à manger sans vous inquiéter du prix. Vous êtes mes invités.

L'homme et la femme se regardèrent comme s'ils n'étaient pas sûrs qu'elle soit réellement sérieuse. Puis ils la suivirent.

Les yeux écarquillés, ils pénétrèrent dans le restaurant, sous le plafond voûté et le grand lustre qu'ils admirèrent, pour s'émerveiller ensuite des motifs complexes des balcons en fer forgé. Ils restèrent bouche bée devant les tables couvertes de nappes qui ressemblaient à des nénuphars.

– Assure-toi que Fleur et Jean aient bien tout ce qu'ils désirent, demanda Tiana à Naveen, qui les accueillit à leur arrivée.

Elle lui fit un clin d'œil.

Depuis que Tiana avait ouvert son restaurant, elle s'était fait un point d'honneur de prendre soin des gens qui n'avaient pas autant de chance qu'elle. Si quelqu'un voulait manger, elle acceptait n'importe quel paiement, et donnait même de la nourriture gratuitement à ceux qui n'avaient pas de quoi payer.

– Tia ! l'appela sa meilleure amie, Charlotte Lebœuf, alors que Tiana entrait dans la salle principale du restaurant. Tia, tu ne m'as pas entendue ?

– Pardon, Lottie, répondit-elle en l'étreignant. J'avais la tête ailleurs. Je veux faire quelque chose de spécial en l'honneur de papa, mais je n'ai pas encore trouvé quoi.

Elles prirent place à une table. Lottie avait le regard perdu dans le vide, comme si elle était en train de soupeser plusieurs options.

– Je sais, je sais ! s'exclama-t-elle tout à coup, avant de prendre les mains de Tiana dans les siennes. Une fête ! Ton père les adorait. Ce serait une manière formidable d'honorer sa mémoire. On pourrait organiser un bal et lui donner son nom !

Tandis que Lottie réfléchissait au bal et laissait libre cours à son imagination en matière de robes de soie, de danses et de fine porcelaine de Chine, Tiana ne pensait qu'à son père. Il adorait rassembler des gens, mais il n'avait rien à faire de la mode. Il préférait la simplicité et la sincérité aux apparences.

Tiana remarqua soudain un homme en train de regarder par la vitrine de la façade de son restaurant. Quelque chose en lui semblait familier. D'où le connaissait-elle ?

– Pardon, Lottie, dit-elle, en se levant pour aller vers la porte. Je reviens tout de suite.

– Excusez-moi, monsieur, tenta-t-elle une fois dehors. Est-ce que je vous connais ?

– Êtes-vous mademoiselle Tiana ? lui demanda-t-il. J'ai entendu dire que la fille de James avait ouvert un restaurant. Je suis venu le voir de mes propres yeux.

– Vous connaissiez papa ? l'interrogea-t-elle, très surprise.

– Bien sûr. Votre père était vraiment quelqu'un de très spécial, expliqua-t-il. J'ai fait la guerre avec lui. Il aurait donné sa chemise à tout le monde, et même sa vie pour sauver celle des autres.

Tiana sourit et des larmes lui montèrent soudain aux yeux. C'était son père tout craché ! Elle se souvint alors de cet homme : M. Larkin, un ami de son père qu'elle avait vu sur tant de photos.

– Ça n'a pas été facile, dit-il. Encore aujourd'hui, certaines personnes s'arrêtent à la couleur de notre peau. Ils ne nous voient pas comme des héros. Mais votre père était toujours là pour tous ceux qui en avaient besoin.

Tiana réfléchit. Elle et Lottie étaient les meilleures amies du monde, mais tout le monde ne l'acceptait pas. Son restaurant était un endroit magique où tous les gens pouvaient être ensemble alors que, dans la plupart des endroits, les Blancs et les Noirs devaient être séparés. C'était la loi. Tiana rêvait du jour où la ségrégation et l'injustice n'existeraient plus. Elle voulait que tout le monde soit traité de la même manière, pas seulement dans son restaurant mais partout ailleurs.

– Vous voulez entrer ? proposa-t-elle. J'aimerais beaucoup vous faire visiter.

– Pas aujourd'hui, déclina-t-il. Mais je suis content de vous avoir vue. James m'a tellement parlé de sa femme, et de sa fille qui avait un don plus brillant qu'une étoile. Il me semble que je vous connais déjà.

Tiana pensait à ce que M. Larkin avait dit alors qu'elle revenait dans le restaurant.

– Qui était-ce, Tia ? demanda Charlotte.

– Un ami de papa.

– C'est chouette, s'enthousiasma-t-elle. Bon, alors, que penses-tu de cette idée de bal ?

– Je ne sais pas, Lottie, répondit Tiana en soupirant. Papa était très humble. Je ne suis pas sûre que ça reflète exactement ce qu'il était.

À ce moment précis, Louis, la star du groupe *Firefly Five Plus Lou*, entra.

– Salut Tiana et Charlotte, leur dit-il en souriant de toutes ses dents.

Les nouveaux venus au *Tiana's Palace* étaient toujours médusés de voir un alligator jouer de la trompette. Mais dès que Louis commençait à swinguer, les spectateurs oubliaient tous ce détail et ne pensaient plus qu'à claquer des doigts et à marquer le rythme avec le pied.

– Vous voulez écouter ce que je suis en train de travailler ?

– Bien sûr, dit Tiana.

La queue de Louis rebondissait au rythme de ses soubresauts. Leur ami joua un solo dont même Louis Armstrong aurait été férocement jaloux. Lottie l'acclama et applaudit. Tiana se leva et vint embrasser le gros alligator.

– Incroyable, l'encouragea-t-elle. Je voudrais organiser quelque chose de spécial pour l'anniversaire de papa. Tu aurais une idée ?

– Ton père aimait le jazz, pas vrai ? se souvint Louis. Qu'est-ce que tu dirais d'une *jam session* en son nom ? Les copains et moi, nous pourrions jouer en son honneur.

– Ai-je bien entendu le mot « jam » ? dit Naveen, qui s'approchait en jouant du ukulélé. Ne m'oubliez pas !

Tiana sourit. Son père adorait la musique. Que Louis et Naveen jouent en son honneur serait vraiment parfait. Peut-être qu'elle tenait là son idée.

– Merci, dit-elle, j'ai besoin d'y réfléchir un peu.

Elle embrassa Lottie pour lui dire au revoir et se dirigea vers son bureau douillet. C'est là que lui venaient les idées de nouveaux plats et de projets. Elle fixa des yeux l'affiche que son père avait créée pour le restaurant qu'il aurait voulu ouvrir avec elle.

Elle nota les idées que lui avaient données ses amis pour cette fête d'anniversaire : un bal, un concert. Est-ce que tout cela représentait bien ce qu'était son père ?

Avant d'avoir trouvé la réponse à cette question, la nuit avait fait tomber son doux manteau sur le quartier. Il était temps d'aller au lit.

Dans sa chambre, Tiana faisait les cent pas, l'esprit toujours en ébullition. Elle avait besoin de s'aérer. Elle alla sur le toit, et contempla la ville de La Nouvelle-Orléans, scintillante sous ses pieds. Elle observa à nouveau Évangéline, aussi brillante qu'un phare. L'étoile de son cher ami Ray se trouvait tout à côté d'Évangéline. Tiana ferma les yeux et fit un vœu.

– S'il vous plaît, aidez-moi à trouver quelque chose de spécial pour l'anniversaire de papa, dit-elle.

Tiana ouvrit les yeux et regarda longuement les étoiles scintillantes avant de regagner sa chambre et de se coucher. À peine s'était-elle endormie qu'elle aperçut une lumière vacillante.

– Naveen, appela-t-elle, encore endormie, as-tu laissé la lumière allumée ?

– La lumière est en toi, ma chère, lui répondit une voix. Il te suffit de la laisser te guider.

Tiana s'assit sur le lit. Elle connaissait cette voix. Elle regarda autour d'elle et vit son ami Ray, la luciole du Bayou, qui virevoltait autour de sa tête. Elle était heureuse de le revoir.

Bienvenue chez James !

– La nourriture est la partie la plus importante, déclara Tiana en regardant ses chefs.

Ils lui promirent que les plats seraient les meilleurs qu'ils aient jamais préparés. La jeune fille était rayonnante. Tout se mettait en place.

Le grand jour arrivé, Tiana pouvait difficilement tenir en place. Elle faisait les cent pas autour du restaurant pour s'assurer que tout était bien prêt. Elle sentait son estomac noué comme le jour où le *Tiana's Palace* avait ouvert pour la première fois.

Elle se tint au centre de la salle de bal et admira la grande photo de son père que Lottie et sa mère avaient placée à côté de la scène. Si seulement il pouvait être ici pour voir ça…

Tiana quitta la pièce et sourit en voyant la pancarte aux lettres brillantes qui annonçait « *Bienvenue chez James !* », exactement comme dans son rêve.

Mais quelque chose manquait. Tiana regardait et regardait encore. Puis, soudain, elle comprit. Elle fonça dans la cuisine et saisit la marmite à *gombo* de son père. Elle la plaça juste à côté de la pancarte. Cela permettrait aux gens de laisser des dons s'ils le souhaitaient pour aider ceux qui en auraient besoin.

L'heure était enfin arrivée ; la fête allait commencer. Elle s'employa à remercier chacun d'avoir rendu son rêve possible. Naveen l'embrassa sur la joue.

– Tout va être parfait, la rassura-t-il.

Tiana respira profondément et afficha son plus grand sourire. Lottie lui envoya un baiser.

– OK, tout le monde, on y va, lança-t-elle. Que le spectacle commence !

Fleur et Jean furent les premiers à arriver. Ils étaient suivis d'un flot de personnes. Des vieux, des jeunes, des Noirs et des Blancs, dont certains n'avaient jamais mis les pieds dans un endroit pareil. Les lumières éclairaient la pièce comme des lucioles. On accompagna les invités à leur table et on les pria de commander tout ce qu'ils voudraient. *Gombo*, beignets… tout était offert par la maison.

Fleur s'approcha de Tiana.

– Vous nous avez aidés lorsque nous en avions besoin, dit-elle. Maintenant, regardez comme vous brillez sur toute la ville. Comptez sur nous pour vous aider autant que vous le souhaitez.

Tiana l'étreignit. Ce moment allait bien au-delà d'elle-même ou de son père. C'était le début de quelque chose de magique pour la communauté.

Alors que tout le monde mangeait et bavardait, Louis et Naveen se mirent à l'œuvre. Le jazz et la joie tourbillonnaient dans toute la pièce. La mère de Tiana n'avait jamais autant souri. Tiana sentit que quelqu'un la regardait et se retourna. C'était M. Larkin !

– Vous êtes venu ! souffla-t-elle en l'étreignant. Merci…

– Vous avez bien fait les choses, Tiana, constata-t-il. Je sais que James serait fier de vous, et moi aussi.

Ses yeux emplis de larmes, Tiana monta sur scène et essaya de trouver les mots qui exprimeraient ce qu'elle avait dans le cœur.

– Je voudrais tous vous remercier d'être venus, lança-t-elle. Aujourd'hui, nous célébrons la vie d'un homme que j'ai l'honneur d'appeler papa. Il tendait la main à quiconque avait besoin de lui. Nous allons faire vivre son esprit. « *Bienvenue chez James !* » ouvrira une fois par semaine, ce sera un jour où personne n'aura à payer pour manger au *Tiana's Palace*.

La foule applaudit. Naveen sourit à sa femme. Tiana sentit une lumière lui traverser le cœur. Même si elle ne pouvait pas le voir, elle savait que son père était là.

Plus tard, Tiana se glissa dans sa chambre pour être seule. Par la fenêtre, elle vit Évangéline briller comme l'ivoire dans la nuit noire, et sut qu'elle devait faire quelque chose. Elle monta sur le toit-terrasse pour la remercier. Alors qu'elle était en train de le faire, une autre étoile clignota juste à côté d'Évangéline. Elle sut que c'était Ray, et son cœur se remplit d'amour.

– Merci, Évangéline et Ray, murmura-t-elle tout en fermant les yeux.

– Tiana, dit Naveen en s'approchant d'elle et en posant ses mains sur ses épaules. Regarde !

Lorsqu'elle ouvrit les yeux, elle vit une troisième étoile briller à côté des deux autres. Sa lumière lui rappela des yeux étincelants. Tiana pouvait presque entendre un rire éclatant et une voix profonde lui dire qu'elle s'était bien débrouillée. Elle essuya la larme qui coulait sur sa joue et sourit.

– Bon anniversaire, papa, murmura Tiana en posant sa tête sur l'épaule de Naveen.

FIN

BELLE

Belle adore la lecture. Les histoires qu'elle lit la font voyager dans de nouveaux endroits, elles lui font rencontrer de nouvelles personnes et lui permettent de comprendre de nouveaux points de vue. Elle est sûre d'elle et bien dans sa peau. Grâce à cet état d'esprit, Belle n'a pas peur de partager son opinion avec qui que ce soit. D'ailleurs, son statut d'étrangère dans son propre village lui a appris à regarder au-delà des apparences et à voir le meilleur en chaque personne.

Marhaba
Bonjour
Jamila

DE NOUVEAUX AMIS

**HISTOIRE ÉCRITE PAR KATHY MCCULLOUGH
ET ILLUSTRÉE PAR ANN MARCELLINO**

Belle était en train de se détendre dans un coin de la bibliothèque du château. Elle relisait un de ses livres préférés. Le prince, alors qu'il était encore la Bête, lui avait offert cette pièce. Elle y passait le plus de temps possible, généralement avec un livre sur les genoux. Elle était à chaque fois étonnée de voir que les lettres imprimées sur une page pouvaient donner vie à toute une histoire. C'était magique, la façon dont les voyelles et les consonnes formaient des mots, et les mots des phrases qui pouvaient la transporter dans d'autres endroits, lui apprendre de nouvelles choses et lui présenter des gens qui semblaient si proches. C'était comme s'ils étaient là avec elle.

La porte de la bibliothèque s'ouvrit tout à coup et une personne bien réelle fit irruption dans la pièce.

– Belle ! Votre père est arrivé ! s'écria le majordome du château, surnommé Big Ben.

– Bienvenue au château, papa ! dit-elle, en serrant son père Maurice dans ses bras.

– Je fais juste un bref arrêt pour la nuit avant de prendre la route vers le Nord, ma chérie, répondit Maurice.

Le père de Belle passait le printemps à voyager dans les festivals et les foires pour vendre ses inventions.

– Mais regarde ce que j'ai pour toi ! souffla-t-il en donnant à Belle trois paquets emballés. Des livres d'Espagne, du Portugal… et du Maroc !

BELLE EST :

Intelligente
Généreuse
Curieuse
Loyale
Passionnée
Fidèle à elle-même

SON RÊVE :

Ne jamais cesser d'apprendre

MOMENT HÉROÏQUE :

Sacrifier sa liberté pour sauver son père

COMPAGNONS :

Philibert, Lumière, Big Ben et Zip

CITATION CÉLÈBRE :

« Je veux vivre une grande aventure dans un grand endroit. »

La bibliothèque du château contenait beaucoup de livres sur l'histoire et sur la géographie d'autres pays que la France, où Belle vivait.

Mais alors que les atlas et les livres d'histoire exposaient des faits, Belle pensait que les livres de contes pouvaient montrer comment les gens de ces pays vivaient réellement, quels étaient leurs espoirs et leurs rêves. Quelques collections de contes de fées et de contes populaires du monde entier parsemaient les étagères de la bibliothèque, mais Belle souhaitait vivement lire des histoires plus récentes sur ces lieux.

Lorsque Maurice était parti en voyage le mois précédent, Belle lui avait donné une pile de livres français à emporter, pour les offrir aux voyageurs étrangers qu'il rencontrerait, en échange de livres de leur pays.

Belle déballa avec empressement le premier paquet.

– Oh, non…, lâcha-t-elle en brandissant le livre. Il est en espagnol. Je ne connais pas cette langue ! J'aurais dû deviner que les livres seraient écrits dans la langue de leur pays.

Belle secoua la tête en riant. Elle feuilleta un livre ramené du Portugal – qui était, bien sûr, en portugais. Elle ouvrit ensuite un livre marocain.

– Ce doit être de l'arabe ! s'émerveilla-t-elle devant les belles lettres cursives. De splendides histoires sont racontées dans ces pages, je le sens ! Mais elles restent indéchiffrables pour le moment…

– J'ai fouillé toute la bibliothèque, annonça Belle à Maurice et au prince lors du dîner ce soir-là. Deux fois. Mais nous n'avons aucun dictionnaire de langues étrangères.

– Il existe des dictionnaires qui traduisent le français dans d'autres langues ? demanda le prince.

– Je suis sûre que oui, répondit Belle, mais je n'en ai jamais vu. Ce type de dictionnaires est probablement conservé dans des bibliothèques universitaires ou ce genre d'endroits.

– Oh ! ça me rappelle quelque chose ! s'exclama Maurice avant de fouiller dans les nombreuses poches de sa veste, jusqu'à ce qu'il trouve une petite enveloppe. On me l'a donnée avec les livres du Maroc, expliqua-t-il en la remettant à Belle.

Belle ouvrit l'enveloppe. Ses yeux s'écarquillèrent en lisant la note à l'intérieur.

– Une bibliothécaire d'une université de Fès, au Maroc, doit venir ici !

La bibliothécaire s'appelait Fatima Baddou, et elle avait entendu parler de la recherche de Belle pour étoffer la bibliothèque du château par le marchand marocain qui avait donné les livres à Maurice.

– Nous n'avons pas eu d'invités au château depuis mon enfance, dit le prince, inquiet. Je ne saurais pas quoi faire ni comment me comporter !

– Si, tu as eu une invitée depuis, lui rappela Belle en se désignant. Et ça s'est plutôt bien passé, conclut-elle en souriant.

– C'était différent. C'était… toi ! dit le Prince en rougissant.

Belle prit sa main et la serra.

– Sois juste toi-même, lui conseilla-t-elle.

Le prince rit. Mais il n'était pas le seul occupant du château à s'inquiéter de cette visite.

– Elle arrive dans une semaine ? s'exclama Big Ben en apprenant la nouvelle. Non, non, non. C'est trop tôt !

Le travail de Big Ben était de s'assurer que tout se passait bien au château. Une semaine ne suffirait pas pour que tout soit prêt.

– Comment préparer la chambre ? demanda-t-il. Préfère-t-elle du thé au petit déjeuner, ou du lait ? Se lève-t-elle tôt ou aime-t-elle faire la grasse matinée ?

– Exactement ! acquiesça Lumière, le maître d'hôtel du château. Nous ne savons pas à quelle heure elle préfère dîner ! Les repas doivent-ils être copieux ou légers ? Est-ce qu'elle aime se divertir pendant le repas, ou après, ou les deux ?

Même Madame Samovar, la cuisinière, qui était d'habitude si gaie, triturait nerveusement son tablier.

– Oh, mon Dieu ! Nous ne savons pas quelles sortes de fruits et légumes elle aime, ni quel est son dessert préféré, ajouta-t-elle. Je veux qu'elle se sente chez elle, mais je ne sais pas par où commencer pour établir mes menus !

– Devons-nous apprendre le marocain ? s'inquiéta Zip, le fils de Madame Samovar.

– Au Maroc, ils parlent arabe, expliqua Belle à Zip. Mlle Baddou sera accompagnée d'une interprète, d'un chauffeur et d'une cuisinière. L'interprète pourra traduire l'arabe en français pour nous, et vice versa.

Belle leur sourit.

– Quant aux réponses à vos autres inquiétudes, je sais exactement où chercher.

La princesse invita le groupe à la bibliothèque et sortit tous les livres qu'elle avait pu trouver sur le Maroc.

– Si vous avez encore des questions à l'arrivée des visiteurs, nous n'aurons qu'à les leur poser !

Mais à l'arrivée des visiteurs, les premières questions furent adressées à Belle. Dans le salon, alors que Lina, l'interprète, traduisait les mots de Fatima en français, celle-ci demandait à Belle comment elle avait grandi dans le village et avait pu devenir une princesse. Fatima écoutait, ravie, tandis que Lina traduisait les réponses de Belle en arabe.

Après que Belle eut terminé le récit de ses aventures au château, Fatima s'exprima avec une voix pleine d'admiration.

– On dirait un conte de fées ! traduisit Lina.

Belle acquiesça en souriant, mais à son sens, la vie de Fatima semblait encore plus magique.

– Être bibliothécaire dans la plus vieille bibliothèque du monde ! s'émerveilla-t-elle.

Belle avait fait des recherches sur l'Université d'Al-Qarawiyyin, où la bibliothèque avait été construite des siècles auparavant.

– Elle s'appelle Fatima comme Fatima al-Fihri, la femme qui a fondé l'université, expliqua Lina, en traduisant pour Fatima. Parce que ses parents ont choisi ce prénom, elle dit que c'était son destin d'y devenir bibliothécaire. Heureusement, c'était aussi son rêve !

Belle savait qu'Al-Qarawiyyin était la bibliothèque où Fatima travaillait. Et, en ce moment, elles étaient dans celle de Belle.

– Bibliothèque ! traduisit Belle.

– Bibliothèque ! répéta Fatima, en battant des mains de joie.

Elle fit un geste d'elle-même vers Belle, puis vers les livres. Belle était presque sûre d'avoir compris le geste.

– Oui ! s'exclama-t-elle. Trouvons d'autres mots à apprendre !

Belle rassembla plusieurs livres avec des illustrations. Elles feuilletèrent ensuite les livres, partageant les mots français et arabes.

– *Wardah*, dit Fatima, en désignant une rose.

– *Wardah*, répéta Belle. Rose !

– Rose, répéta à son tour Fatima.

Belle apprit que *qamar* signifiait « lune » en arabe, et que *fil* signifiait « éléphant ».

Elle sortit du papier et des crayons pour qu'elles puissent dessiner des objets qu'elles ne trouvaient pas dans les livres. Elles faisaient des mouvements comme marcher et s'asseoir, et partageaient les mots dans chaque langue. Elles mimaient les émotions sur leur visage pour les apprendre.

– *Saeeda*, expliqua Fatima, adoptant un sourire joyeux.

Belle répéta le mot arabe tandis que Fatima approuvait de la tête.

– Heureuse, dit Belle, en traduisant le mot en français.

– Heureuse, reprit Fatima.

Elles échangèrent des sourires chaleureux. Cependant, cela devint plus difficile lorsqu'elles essayèrent des idées plus compliquées.

Belle essaya d'interroger Fatima sur son voyage de Fès au château, mais Fatima secoua la tête, ne comprenant pas. Belle ouvrit une carte et se servit de ses doigts pour mimer le voyage de Fès à la Villeneuve. Fatima répondit en arabe, en faisant des gestes avec ses mains pendant qu'elle parlait, mais Belle n'était pas sûre de ce qu'elle disait.

Il fallait trouver une autre façon de se comprendre. Elle tendit à Fatima un recueil de contes populaires ouvert à la page d'un conte sur le Maroc.

Fatima étudia les illustrations des différentes pages. Un sourire lui vint au visage.

– *Al-Tair Al-Azraq*, dit-elle en retournant à la première page de l'histoire et en pointant le titre.

– L'oiseau bleu ! s'exclama la princesse. Vous le connaissez ?

Belle prit du papier et dessina un oiseau bleu. Elle le montra à Fatima, qui acquiesça joyeusement.

Ensemble, Belle et Fatima mirent en scène l'histoire d'une princesse qui recevait chaque soir la visite de deux oiseaux bleus. Les oiseaux étaient en réalité des hommes ensorcelés. La princesse se prit d'affection pour l'un des oiseaux. Après que le sort eut été rompu, tous deux tombèrent amoureux.

Belle et Fatima récitèrent chacune les mots dans sa propre langue au fur et à mesure. Puis elles répétèrent les passages, Belle faisant de son mieux pour faire correspondre les mots arabes à ses actions, et Fatima faisant de même avec les mots français. Leurs gestes avaient parfois l'air stupides et suscitaient des éclats de rire. Lorsque l'une d'entre elles se trompait, l'autre secouait la tête, et elles essayaient à nouveau.

Une fois l'histoire terminée, Fatima récupéra un livre d'images qu'elles avaient regardé plus tôt, racontant l'histoire de deux ours qui se rencontrent dans les bois et deviennent amis. Fatima l'ouvrit à l'illustration finale : des ours se tenaient par la main.

– *Asdiqaa*, murmura-t-elle en se montrant du doigt, avant de désigner Belle.

– *Asdiqaa*, répéta Belle.

Elle était presque sûre de comprendre le sens de ce mot.

– Amies, dit-elle.

– Amies, répéta Fatima juste au moment où la porte de la bibliothèque s'ouvrait, laissant entrer le prince.

Belle se précipita vers lui et lui saisit les mains.

– Fatima et moi, nous nous enseignons mutuellement nos langues ! lui expliqua-t-elle. Je n'arrive pas à croire tout ce que j'ai appris !

– Je suis heureux que les choses se soient bien passées ici, commença le prince, l'air sombre. J'ai bien peur que ce ne soit pas le cas dans le reste du château.

– Pourquoi ? s'alarma Belle. Que s'est-il passé ?

– Un véritable désastre ! criait Big Ben en courant derrière le prince et en se tordant les mains.

Lumière et Madame Samovar entrèrent à sa suite, tous parlaient en même temps.

– Calmez-vous ! ordonna la princesse. Dites-moi ce qui s'est passé.

Belle comprit rapidement que les tentatives du prince et des autres pour communiquer avec leurs visiteurs ne s'étaient pas aussi bien déroulées qu'entre Fatima et elle. Le prince avait essayé d'inviter le cocher à aller faire du cheval dans les bois, mais il était resté confus lorsque le cocher s'était montré du doigt, avant de désigner les chevaux.

– Il souriait pendant qu'il parlait, raconta le prince. Mais ensuite, il a secoué la tête ! Je ne saisissais pas vraiment s'il disait oui ou non.

La cuisinière de Fatima avait rejoint Madame Samovar dans la cuisine, où celle-ci lui avait montré la photo des briouats aux amandes. La cuisinière lui avait indiqué les ingrédients et les ustensiles de mesure pour les réaliser, mais Madame Samovar n'avait pas compris ses instructions.

– Et je crains qu'il ne me soit impossible de me produire ce soir ! déclara Lumière au désespoir.

Il expliqua que la cuisinière et le chauffeur étaient passés par la pièce où il répétait son spectacle musical du soir. Il venait juste de terminer une chanson de cabaret quand tous les deux dirent quelque chose en arabe. En pensant qu'ils préféraient peut-être un autre style de musique, Lumière était passé à l'opéra, mais ils avaient à nouveau échangé des propos en utilisant les mêmes mots.

– J'ai essayé beaucoup d'autres styles de musique, expliqua Lumière à Belle. Mais ils ont continué à répéter la même chose. Je ne suis pas arrivé à savoir quelle est leur musique préférée.

Belle jeta un regard à Fatima, qui avait écouté attentivement. La bibliothécaire n'avait peut-être pas compris tout ce qui se disait, mais elle avait deviné qu'il y avait eu des malentendus entre les visiteurs et les habitants du château. Les regards des deux nouvelles amies se croisèrent : elles n'avaient pas besoin de mots ni même de gestes pour se comprendre. Fatima fit un signe de la tête et quitta la pièce.

– Fatima va chercher Lina, expliqua Belle aux autres. Je suis sûre qu'on peut régler tout ça et que vous pourrez tous réessayer de vous comprendre.

– Mais l'interprète ne peut pas être partout à la fois ! remarqua le prince. J'ai bien peur que nous ne soyons en train de gâcher le séjour de nos invités !

– Je suis d'accord, ajouta Big Ben.

– Moi, je ne suis pas d'accord, protesta Belle. Fatima et moi avons trouvé un moyen de nous comprendre. Ce n'était pas toujours facile, mais nous n'avons pas abandonné. Et maintenant, nous sommes amies ! Ça peut être effrayant de faire la connaissance de nouvelles personnes, mais vous ne connaissiez pas vos amis quand vous les avez rencontrés pour la première fois.

VAIANA

Vaiana est une jeune fille à la volonté farouche qui aime la mer. Bien qu'elle ait des moments de doute, elle est très fière de ce qu'elle est et ne recule devant aucun défi. Elle aborde les nouvelles expériences et les nouvelles missions avec le plus grand sérieux et se bat pour ce qu'elle aime, même quand tout semble perdu.

LES GARDIENS DE L'OCÉAN

HISTOIRE ÉCRITE PAR KALIKOLEHUA HURLEY
ET ILLUSTRÉE PAR LIAM BRAZIER

Vaiana, huit ans, glissait sous l'eau dans les profondeurs de la plage de Motunui aux reflets ambrés et dorés. Elle admirait un chapelet de coquillages étincelants quand elle se retrouva soudain face à face avec deux grands yeux vert foncé. Son cœur s'emplit de joie : c'était Fonu, une tortue de mer qu'elle connaissait depuis sa plus tendre enfance.

Il y a longtemps, quand elles étaient toutes les deux petites, Vaiana avait sauvé Fonu de quelques oiseaux très affamés en abritant la petite tortue sous une feuille. Vaiana n'avait jamais su si Fonu se souvenait de ce jour-là. Mais, comme elle allait bientôt le découvrir, la tortue n'avait pas oublié…

Fonu plongea plus profondément et Vaiana la suivit.

Là, sous les vagues, l'eau devint calme et tranquille – un changement bienvenu par rapport à l'agitation de l'île de Motunui. Vaiana devrait un jour diriger son peuple en tant que cheffe, et elle aimait tout particulièrement ces moments paisibles partagés avec son amie.

Il était temps de reprendre de l'air ! Alors que Vaiana remontait à la surface, un son étouffé lui parvint aux oreilles.

– Vaiana ! appelait sa mère depuis le rivage. Vaiana, où es-tu ?

– Ici, maman ! cria Vaiana quand elle émergea à la surface de l'eau.

– Il est temps de revenir, expliqua Sina en montrant l'horizon du doigt. Regarde ces nuages là-bas, au loin : qu'est-ce qu'ils te disent ?

Vaiana suivit le regard de Sina qui regardait au loin, vers le large. Ensemble, elles virent Fonu passer la tête au-dessus de l'eau une dernière fois, puis disparaître dans les profondeurs.

Sina se retourna vers Vaiana et reprit :

– Ma grand-mère disait que « nous devons toujours protéger nos gardiens de l'océan, et qu'ils nous protégeront en retour ». Elle m'avait fait promettre de veiller sur eux. Aujourd'hui, Fonu t'a protégée. Maintenant, Vaiana, c'est à ton tour. Accepteras-tu de protéger Fonu, et tous nos gardiens de l'océan, avec moi ?

– Je le promets, acquiesça fièrement Vaiana.

Les yeux de Sina scintillèrent. Puis son expression soudainement s'assombrit.

– Maintenant, Vaiana, souffla-t-elle, tu dois aussi me promettre que tu n'iras plus jamais dans l'eau quand tous les signes annoncent une mer agitée. La nature n'offre pas de seconde chance.

– Je te le promets, maman, dit Vaiana.

Elle afficha un sourire forcé, tandis qu'à l'intérieur d'elle-même, l'avertissement de Sina l'avait fait frissonner. Non, Vaiana n'oublierait jamais la puissance de cet océan. Elle ne voulait plus jamais ressentir la sensation de ne presque plus pouvoir respirer dans l'eau froide et profonde. Alors, pourquoi se mettrait-elle à nouveau en danger ?

Vaiana grandit. À l'âge de seize ans, elle assumait de nombreuses fonctions en tant que future cheffe. Elle considérait son rôle de dirigeante comme un grand privilège et passait une grande partie de ses journées à s'occuper de son peuple et de son île. Mais cette responsabilité avait un prix élevé : plonger avec Fonu était devenu un plaisir rare. Pourtant, chaque jour, elle se rendait à la plage pour voir son amie tortue.

Un matin, Vaiana remarqua un tourbillon de nuages bas, sombres et épais qui menaçait au large. Elle respira profondément. Ces signes ne lui étaient que trop familiers. Sina s'avança derrière elle. Vaiana pointa l'horizon.

– Tu vois ces nuages ? Ce sont exactement les mêmes que ce jour-là.

Elle en avait la chair de poule mais elle faisait de son mieux pour ignorer sa peur. Elle était plus âgée, plus forte et plus sage maintenant, et elle avait la responsabilité d'avertir son peuple de tous les dangers, y compris d'un orage en mer. Elle se retourna pour regarder sa mère.

– Je vais sur la plage m'assurer que personne ne mettra un pied dans l'eau.

– Ma courageuse fille, murmura Sina, prenant Vaiana par les épaules. Promets-moi juste que tu te protégeras autant que tu protèges toutes les autres personnes.

Vaiana acquiesça fermement.

– D'accord, alors, répondit Sina.

La jeune cheffe embrassa sa mère et fonça en courant vers la plage.

Là-bas, les vagues tonitruaient et s'écrasaient en un bruit assourdissant qui n'avait d'égal que le vent qui hurlait et criait. La mer était déjà très agitée, comme l'avait prédit Vaiana. Elle se protégea les yeux du sable qui lui fouettait le visage en scrutant l'océan à la recherche de nageurs. À une extrémité de la plage, deux pêcheurs sortaient des vagues en fureur. Vaiana se précipita vers eux alors qu'ils se hissaient sur le sable.

– Est-ce que ça va ?

– Ça va, répondit un pêcheur, mais nous avons tout perdu : notre meilleur filet et deux de nos pièges. Les vagues, elles étaient hautes comme des montagnes. Elles sont arrivées de nulle part !

– Avez-vous vu quelqu'un d'autre ? demanda la jeune fille.

– Non, il n'y avait que nous, lâcha-t-il.

Vaiana laissa échapper un soupir de soulagement.

Vaiana regarda les pêcheurs s'éloigner, puis tourna son regard vers l'océan. Les crêtes blanches des vagues s'écrasaient les unes contre les autres, formant un brouillard d'embruns qui lui brûlait les yeux. Il faudrait vraiment avoir du cran pour nager dans l'océan à un moment pareil, se dit-elle.

Vaiana se retourna pour quitter la plage quand une vision inhabituelle attira son attention. À la surface de l'eau, une petite tache brune flottait. On aurait dit que quelque chose était pris dans un filet de pêche. Elle plissa les yeux pour mieux voir. Puis elle vit la tortue prise au piège.

– FONU ! s'écria-t-elle.

Vaiana se précipita vers l'eau. Son cœur se mit à battre à toute vitesse dans sa poitrine. Elle avait promis à Sina qu'elle ne nagerait plus jamais dans une mer en furie. Elle s'était presque noyée la dernière fois. Mais elle avait aussi promis de protéger Fonu !

Elle plongea dans l'eau, de plus en plus profondément, sous les vagues. Elle était furieusement ballottée d'un côté à l'autre, elle se battait pour reprendre son souffle. Pas même une mer en furie ne pourrait l'empêcher de sauver son amie.

Vaiana refit surface à côté de Fonu. La tortue gazouillait en essayant de ramer avec ses nageoires, mais le filet l'en empêchait. Alors que son amie

Dans les profondeurs, Sina entoura Vaiana de ses bras et l'aida à se hisser hors de l'eau. Elles atteignirent le rivage à grand-peine et s'effondrèrent sur le sable, à l'abri sous un palmier. Elles restèrent assises en silence pendant un moment. Puis Sina se tourna vers Vaiana.

– Ma grande fille si courageuse, commença-t-elle en saisissant le visage de Vaiana. Tu as sauvé Fonu. Et tu as fait honneur aux devoirs de ta famille en protégeant nos gardiens de l'océan.

Vaiana posa ses mains sur celles de sa mère.

– Non, maman, la coupa-t-elle. On l'a fait. Nous l'avons fait ensemble. Mon arrière-grand-mère aurait été si fière de nous.

– Tu as raison, ma puce. Elle l'aurait vraiment été. Tout autant que moi.

Vaiana se pencha et se blottit contre sa mère. Sina la serra très fort.

– Je t'aime, maman, murmura Vaiana.

– Moi aussi, je t'aime, souffla Sina. Puis, sentant des gouttes de pluie : On devrait peut-être rentrer à la maison.

– Tu sais, maman, continua Vaiana avec un clin d'œil, notre peuple dit que la pluie est une bénédiction.

– Je suis au courant, répondit Sina, en poussant gentiment Vaiana d'un coup de hanche. C'est moi qui te l'ai appris. Mais tu sais quoi ?

– Quoi ? demanda Vaiana en offrant son bras à sa mère.

– Ma bénédiction à moi, c'est toi, dit-elle en serrant fort sa main.

Elles rentrèrent ensemble à la maison, trempées par la pluie, remerciant le ciel de pouvoir compter l'une sur l'autre et sur les gardiens de la mer.

FIN

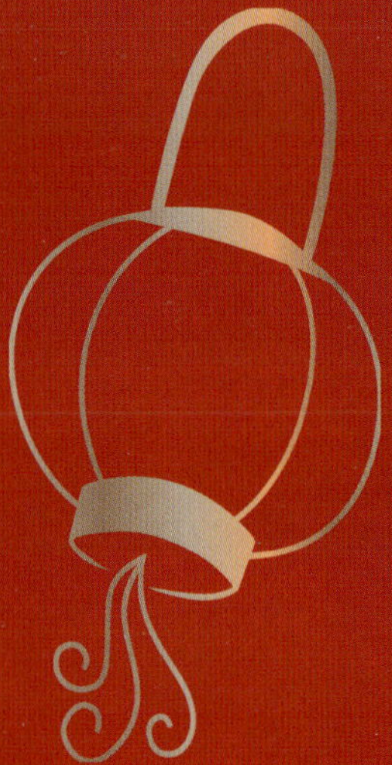

MULAN

Mulan a toujours lutté pour s'intégrer. Elle veut faire honneur à sa famille, mais ne sait pas comment y parvenir tout en restant fidèle à elle-même. Lorsque son père est appelé à servir dans l'armée impériale, Mulan saisit l'opportunité de faire ce qui est juste pour sa famille. Elle se déguise en homme, et s'engage dans l'armée à la place de son père ; elle fait preuve d'un incroyable courage en combattant les Huns. Par sa passion et sa détermination, elle prouve que tout est possible quand on croit en soi.

LE FESTIVAL DES LANTERNES

HISTOIRE ÉCRITE PAR MARIE CHOW
ET ILLUSTRÉE PAR ALICE X. ZHANG ET STUDIO IBOIX

– Mulan ! Toujours levée la première ! dit Ling-Ling avec un large sourire.

Mulan fit signe au garçon d'écurie et descendit de Khan. Elle rentrait d'une promenade dans les bois : elle aimait être seule avec ses pensées.

– Tu me connais, souffla-t-elle avec un modeste haussement d'épaules.

Elle essaya de mettre un peu d'ordre dans ses cheveux, gênée de trouver au moins deux feuilles et une petite brindille dans sa coiffure emmêlée.

Alors qu'elle conduisait son cheval à son box et fermait la porte, Tsaier, l'érudit du village, s'approcha.

– As-tu fait une bonne promenade ? s'enquit-il, prévenant.

Mulan hocha la tête poliment et étouffa un soupir. Elle n'était pas habituée à recevoir toute l'attention qu'on porte généralement à un héros de guerre. Les jeunes hommes voulaient s'entraîner avec elle ou l'épouser ; les jeunes femmes, se lier d'amitié avec elle ou être comme elle. C'était troublant.

Alors qu'elle se dirigeait vers la maison, les voisins venaient l'accueillir avec des compliments et des questions. Il fallut plusieurs minutes de hochements de tête et de *hum-hum* polis pour que Mulan leur échappe enfin.

Elle tourna au coin d'une rue tranquille et faillit renverser sa voisine Mei, qui arrivait vers elle chargée de trois lanternes et d'un sac en tissu.

son père, qui semblait n'avoir d'yeux que pour les exploits de Mulan.

– Je suppose que je voulais dire que la cuisine et la couture ne feront pas honneur à ma famille. Demande à mon père.

Mulan secoua la tête :

– Que disait ce vieux dicton, déjà ? Que les dynasties sont plus faciles à changer que les personnalités ? Les gens accordent toujours de la valeur aux mêmes choses qu'hier. J'attends avec impatience le jour où je pourrai redevenir la bonne vieille Mulan, où la seule chose qu'on me dira, c'est que mon riz au lait n'a aucun goût.

Mei rit.

– Le pudding au riz est une de mes spécialités, en fait. Je pourrais t'apprendre si…

– Mulan ! cria tout à coup Tsaier l'érudit, de l'autre côté de la route, entraînant son fils aîné derrière lui.

– Mon fils Daqing voulait dire bonjour à la grande héroïne du village.

Daqing, qui avait toujours été timide, regarda par terre puis son père, un peu désemparé.

– Bonjour, Mulan, murmura-t-il, en rougissant. Bonjour, Mei, poursuivit-il, après avoir marqué une pause et levé les yeux

Tsaier fit un signe à son fils et marmonna :

– Quelle belle lanterne tu as faite, Mulan.

– Quelle belle lanterne tu as faite, Mulan, répéta Daqing comme un perroquet en tendant un bras vers la lanterne de Mei.

– En fait, cette belle création est celle de Mei, répondit Mulan.

D'embarras, Daqing laissa tomber la lanterne. Mulan et Mei se précipitèrent pour la récupérer mais s'entrechoquèrent. Tsaier fit un pas en arrière pour éviter que les filles ne lui rentrent dedans et donna accidentellement un coup de pied à la lanterne de Mei, qui dévala la colline avant que quelqu'un ne puisse l'attraper.

Impuissante, Mei regarda Mulan courir après la lanterne. Elle savait que la lanterne était complètement détruite avant que Mulan ne la ramasse… La soie était toute trouée.

Le groupe resta silencieux. Mei était au bord des larmes.

Daqing fut le premier à prendre la parole.

– Je suis vraiment désolé. Je ne voulais pas dire…

– Ça va, le coupa Mei, la voix sereine.

Pendant un instant, le regard de tous se tourna vers Mulan, qui montait la colline avec la lanterne en morceaux.

– Ça va, vraiment, répéta Mei.

Elle ouvrit la bouche pour continuer de parler, mais les mots s'arrêtèrent tout net dans sa gorge. Son regard se fixa sur quelque chose au loin, derrière le groupe. Sans dire un mot, Mei se mit à courir vers le village. Daqing fronça les sourcils et regarda Mulan d'un air penaud.

– J'ai juste essayé de m'excuser, souffla-t-il.

– Je sais que c'était un accident, le rassura Mulan, en regardant Mei s'en aller.

C'est alors qu'elle remarqua finalement ce qui avait attiré l'attention de Mei : un panache de fumée dont la couleur et l'intensité ne pouvaient pas tromper. Ce n'était pas un feu de cuisine, il était trop sombre et cendré pour cela.

Sans un mot, Mulan se mit à courir après Mei.

Mulan ne réussissait pas vraiment à localiser le feu, mais il semblait néanmoins se trouver au bout du village. Les box des chevaux ? Elle espérait bien que non. Le foin rendrait le feu impossible à maîtriser, et Khan et les autres chevaux seraient piégés. Le vieux temple ? C'était une possibilité, évidemment. Mulan avait entendu certains villageois dire qu'ils prévoyaient d'y accrocher une lanterne, même si le nouveau temple était terminé.

En s'approchant, elle vit que c'était bien l'ancien temple qui avait pris feu. Mulan se couvrit la bouche et le nez avec sa manche et courut dans le bâtiment en feu. À l'intérieur, ses yeux se mirent à pleurer en quelques secondes à cause de la fumée. Les flammes léchaient le mur du temple à côté de la coquille noircie d'une lanterne, que Mulan devina être la source de l'incendie.

Où trouverait-elle assez d'eau pour éteindre les flammes ? Sa maison n'était pas loin, mais Mulan savait que sa famille avait déjà utilisé la plus grande partie de l'eau qu'elle avait apportée du puits ce matin-là. Le puits lui-même était beaucoup plus éloigné, et elle mettrait encore plus de temps à atteindre la rivière qui était dans la direction opposée.

Alors que Mulan soupesait les différentes possibilités, elle prit également un moment pour se demander où se trouvait Mei. Lorsque Mei s'était envolée en courant, Mulan avait supposé qu'elle se dirigeait vers le feu, mais si c'était le cas, où était-elle ?

Mulan se dirigea vers la sortie du temple à reculons. Si elle allait vers le village, elle aurait au moins plus de chances de tomber sur quelqu'un d'autre, elle pourrait trouver de l'aide.

En sortant, elle faillit heurter Mei, qui arrivait au temple en portant à grand-peine un vase plein d'eau et un tas de *quilts*.

– Prends ça, lança Mei en posant le vase et en donnant une couverture à Mulan. J'ai aussi apporté de l'eau, mais pas assez pour arrêter le feu. J'espère que ces *quilts* vont nous aider.

Alors que Mulan déroulait le *quilt* dans ses mains, elle ne put s'empêcher de remarquer la complexité de la broderie et la beauté du dessin. Il n'y avait aucun doute dans l'esprit de Mulan : c'était l'œuvre de Mei.

Mei déplia sa couverture et commença à la secouer, toussant pendant que la fumée remplissait la pièce. Mulan lui emboîta le pas, fouettant le feu de la belle couverture. Mais les filles réalisèrent vite que leurs efforts ne faisaient que propager les flammes.

– Qu'est-ce qu'on peut faire ? demanda alors Mulan à Mei.

Les filles observèrent autour d'elles, puis se regardèrent. La même idée leur vint à l'esprit au même moment.

Mei commença :

– Et si on utilisait l'eau…

– … pour mouiller les *quilts* ? termina Mulan.

Pendant un bref instant, les filles partagèrent un sourire, sentant une étincelle de véritable amitié entre elles.

– Tu es prête ? demanda Mulan.

– Allons-y ! acquiesça Mei.

Une poussée d'adrénaline parcourut sa colonne vertébrale.

Mei versa l'eau du vase qu'elle avait apporté sur les deux couvertures. Les deux filles travaillèrent ensemble pour étouffer les flammes avec les couvertures imbibées d'eau, qui étaient devenues lourdes. Peu à peu, elles éteignirent le plus gros des flammes, mais il y avait encore de petits foyers et des braises qui brillaient, pouvant déclencher un grand feu à tout moment.

Mulan continua à combattre les flammes, les yeux en larmes à cause de la fumée. Mei commença à tousser plus fort, et Mulan se retourna juste à temps pour voir son amie s'effondrer.

Mulan courut aux côtés de Mei et l'enroula rapidement dans un *quilt* roussi. Puis elle prit Mei dans ses bras, reconnaissante pour tout l'entraînement

CENDRILLON

Cendrillon est chaleureuse et sincère avec tous ceux qu'elle rencontre. Qu'il s'agisse de la plus petite souris ou du roi lui-même, elle considère tout le monde avec le même respect. Malgré la manière dure dont elle est traitée par sa belle-famille, Cendrillon reste une jeune fille aimante et gentille. Bien qu'elle accepte sa situation, elle continue de rêver d'une vie meilleure et croit qu'il y a du bon en chacun.

UN BEAU SPECTACLE

HISTOIRE ÉCRITE PAR AUBRE ANDRUS
ET ILLUSTRÉE PAR ALINA CHAU

Balayer les sols. Polir l'argenterie. Remettre les coussins en place. Faire les ourlets des robes. La matinée de Cendrillon était remplie de corvées, comme d'habitude. Mais elle ne pouvait pas s'empêcher de sourire en travaillant. Sa belle-mère, Madame de Tremaine, tenait un salon chez eux cet après-midi-là. Un « salon » était un événement spécial au cours duquel Madame de Tremaine invitait les femmes les plus douées du royaume pour partager leurs talents. Cendrillon aimait fredonner les belles chansons qu'elles y chantaient, haleter à leurs lectures dramatiques et se pâmer devant la poésie déclamée. Cela n'embêtait pas du tout Cendrillon d'avoir à leur servir du thé et des sandwiches pendant qu'elle assistait à ces spectacles fascinants !

Cendrillon avait été tellement inspirée par ces femmes talentueuses qu'elle avait écrit un poème. Elle rêvait de l'interpréter un jour à haute voix – avec un peu de chance au salon de ce jour-là. Toute la matinée, elle avait tenté de rassembler assez de courage pour le demander à sa belle-mère ; elle attendait juste la bonne occasion.

En balayant le sol de l'entrée, Cendrillon commença à réciter son poème.

– Lumière des étoiles, lumière de la lune…

– Cela mérite un duel ! cria Javotte depuis la salle de musique.

Javotte et Anastasie étaient les demi-sœurs de Cendrillon. Elles répétaient une scène d'une pièce de théâtre qu'elles allaient jouer au salon. La

CENDRILLON EST :

Optimiste
Consciencieuse
Spirituelle
Gracieuse
Rêveuse
Attentive

SON RÊVE :

Construire une vie meilleure

MOMENT HÉROÏQUE :

Se battre pour bâtir son avenir

COMPAGNONS :

Jac et Gus

CITATION CÉLÈBRE :

« Un rêve, c'est un vœu fait par le cœur. »

voix de Javotte était rauque à force de répétitions.

– Pas sous ma surveillance ! criait Anastasie.

– Arrêtez ! Il faut plus d'émotion, Anastasie, demanda Madame de Tremaine. Comment puis-je croire cette scène si je ne peux pas sentir ce que ressent votre personnage ? Recommencez !

– Je n'en peux plus de répéter, Mère, se plaignit Javotte. J'ai mal à la gorge !

Madame de Tremaine leva les yeux au ciel.

– Depuis le début, mes filles.

Javotte s'éclaircit la gorge.

– Cela mérite…

Elle s'arrêta et posa une main autour de son cou. « Ma gorge ! » fut tout ce qu'elle réussit à dire avant de se mettre à tousser.

– J'ai dit : depuis le début, Javotte ! exigea Madame de Tremaine.

– Cela mérite…, essaya à nouveau Javotte avant d'avoir une autre quinte de toux.

Madame de Tremaine leva les bras au ciel.

– Toutes les dames vont regarder votre performance et vous juger. Nous juger toutes ! gronda-t-elle. Allez dans vos chambres et reposez-vous. J'attends une excellente performance de votre part cet après-midi !

Javotte et Anastasie sortaient tout juste de la salle de musique au moment où Cendrillon passa devant elles, la tête dans les nuages. Les demi-sœurs échangèrent un regard suspicieux. Pourquoi donc Cendrillon souriait-elle ? Elles pénétrèrent dans le couloir et se mirent à écouter aux portes alors que Cendrillon s'approchait de Madame de Tremaine.

– Belle-maman ? J'ai écrit un poème que j'aimerais interpréter au salon aujourd'hui, dit Cendrillon.

– C'est vrai ? demanda Madame de Tremaine.

– Je me suis beaucoup entraînée, et…

– Alors, écoutons-le, la coupa Madame de Tremaine.

– Lumière des étoiles, lumière de la lune…

Cendrillon récita le poème à la perfection pour sa belle-mère. Sa voix était claire et forte. Elle n'oublia pas un seul mot. Et le poème était vraiment magnifique.

Anastasie et Javotte n'en croyaient pas leurs oreilles. Elles ignoraient que Cendrillon fût si douée pour réciter des poèmes. Et ça ne leur plut pas beaucoup.

Madame de Tremaine regarda Cendrillon de bas en haut.

– Si toutes tes corvées sont terminées, si le service du thé est fini et s'il reste du temps à la fin, tu pourrais lire un poème.

Cendrillon en resta bouche bée, et ses demi-sœurs encore plus. Avant que leur demi-sœur ne puisse les voir, Anastasie et Javotte dévalèrent le couloir en direction de leurs chambres, stupéfaites que leur mère lui laisse l'opportunité d'attirer l'attention au salon du jour.

– Oh, merci, Belle-maman, s'écria Cendrillon en essayant de masquer son excitation.

– Et assure-toi d'être présentable aujourd'hui, ajouta Madame de Tremaine. Pas de vêtements de travail sales. Mets ta robe de service et arrange joliment tes cheveux.

– Bien sûr, Belle-maman, je ne vous décevrai pas, acquiesça la jeune fille, qui rayonnait.

Cendrillon descendit le couloir en affichant un sourire encore plus grand. Elle espérait bien que son rêve se réalise cet après-midi.

Mais elle devait d'abord finir ses corvées. Et s'occuper du mal de gorge de Javotte. Cendrillon courut à la cuisine pour aller chercher une tasse d'eau chaude avec du citron. Ce remède lui faisait toujours du bien quand elle avait mal à la gorge. Ses demi-sœurs n'avaient pas toujours été gentilles, mais elle savait à quel point ce spectacle était important pour Anastasie et Javotte. Avec un peu de chance, la gorge de Javotte guérirait rapidement, grâce à une boisson chaude et du repos.

Javotte faisait la moue, couchée sous les couvertures. Anastasie se regardait dans le miroir. Elle se brossait les cheveux encore et encore tout en répétant ses répliques. Cendrillon frappa à la porte avant d'entrer.

– Qu'est-ce que tu veux ? demanda Anastasie.

– Tiens, dit Cendrillon en se dirigeant vers Javotte. Ça te fera du bien.

Le cœur de Cendrillon bondit dans sa poitrine. Elle se tourna vers Madame de Tremaine qui lui fit un signe de tête brusque pour qu'elle se lance alors qu'elle et Anastasie prenaient place. Cendrillon respira profondément et commença :

« *Lumière des étoiles, lumière de la lune*
Lever de soleil, coucher de soleil.
Chaque jour est un nouveau départ,
nous pouvons oublier les mauvais
Chercher la joie, pas la douleur,
Chercher la joie, pas la douleur. »

Madame de Tremaine jeta un coup d'œil autour d'elle tandis que Cendrillon continuait. Le public était captivé par le poème. Alors que Cendrillon récitait le dernier vers, Madame de Tremaine se mit debout. Mais à sa grande surprise, Cendrillon continua. On aurait dit qu'elle inventait des strophes au fur et à mesure.

« *Les mains sont là pour aider,*
pas pour faire du mal.
Dire ce que l'on pense
ne devrait pas être un pêché.
On ne peut voler la joie
de quelqu'un qui résiste fermement.
Le cœur grand ouvert,
le bonheur est entre nos mains. »

Le public éclata en applaudissements. Alors qu'elle faisait la révérence, Cendrillon vit deux dames au premier rang essuyer des larmes de leurs

MÉRIDA

Déterminée à se frayer un chemin dans la vie, Mérida défie une coutume séculaire sacrée pour les seigneurs de la terre, indisciplinés et hargneux. Elle croit qu'il est possible de changer son destin sans compromettre ses valeurs et son intégrité.

INSUPPORTABLES

HISTOIRE ÉCRITE PAR SUDIPTA BARDHAN-QUALLEN
ET ILLUSTRÉE PAR SARA KIPIN

Une légende raconte qu'une princesse de Dun Broch nommée Mérida sauva son royaume de l'ours démoniaque Mor'du. La princesse brisa le sort qui pesait sur Mor'du pour libérer son esprit. Elle brisa également celui qui avait été jeté sur sa propre mère, la reine Elinor, et qui l'avait fait se transformer en ourse.

Mais cette histoire dépasse tout ce que vous pouvez imaginer. Dans cette légende, il y a d'autres ours – trois oursons, pour être précis. Tout commença au moment où les Jeux des Highlands allaient être inaugurés.

La reine Elinor et le roi Fergus étaient occupés à s'assurer que tout était prêt pour l'arrivée des clans. Elinor espérait que leur fille, Mérida, viendrait les aider. Elle attendait beaucoup de Mérida.

– Les princesses doivent être responsables, lui répéta Elinor alors qu'elles inspectaient le domaine du château.

Mérida leva les yeux au ciel.

– Les responsabilités m'ennuient, murmura-t-elle.

– Les princesses ne marmonnent pas non plus, la reprit sa maman.

Mérida fronça les sourcils. La reine poursuivit :

– Les autres clans seront bientôt là. Il y a beaucoup de choses que tu dois apprendre avant qu'ils n'arrivent. Après tout, une princesse vise toujours la perfection.

Les triplés hochèrent la tête. Ils n'avaient pas eu l'intention de frapper leur sœur. Elle s'était vraiment mise en colère ! Ils ne savaient plus quoi faire.

– Voulez-vous essayer à nouveau, princesse Mérida ? demanda Cullen en lui tendant une de ses flèches pour qu'elle l'utilise.

Mais Mérida était de trop mauvaise humeur maintenant, même pour le tir à l'arc. De plus, elle devait se préparer à ses responsabilités. Sa mère était sûrement déjà en train de la chercher. Elle regarda à nouveau ses frères avec un air fâché.

– Il faut que je retourne au château, marmonna-t-elle.

– Je viens avec vous, proposa Cullen qui fit mine de passer son arc par-dessus son épaule.

Mérida leva la main pour l'arrêter.

– Je ne vais pas supporter d'être entourée de bébés, dit-elle.

Elle tourna les talons pour partir sans voir le regard de Cullen. Ses mots l'avaient blessé et elle ne s'en était même pas rendu compte.

Les choses ne s'améliorèrent pas pour Mérida lorsque les Jeux commencèrent. Comme le raconte la légende, elle remporta le droit de s'épouser elle-même aux Jeux des Highlands ! Mais cela ne fit que créer plus de tensions entre Elinor et elle.

Mérida décida finalement de quitter le château après avoir déchiré la tapisserie de sa famille pendant leur pire dispute. Furieuse et blessée, elle se demandait pourquoi sa mère ne la comprenait pas, ou pourquoi elle ne s'en souciait pas…

Quand Mérida revint à Dun Broch, elle était disposée à faire la paix avec la reine. Selon la légende, elle était également prête à tenter de changer son destin. Mais alors qu'elle était dans la forêt, Mérida rencontra une sorcière qui lui donna un gâteau magique. Tout ce qu'elle avait à faire était de le faire manger à sa mère, et sa vie allait changer !

Mérida servit le gâteau magique à Elinor avec empressement.

– C'est un cadeau, pour faire la paix, dit-elle. C'est moi qui l'ai fait. Pour toi. Spécialement.

Sa mère en prit une bouchée, comme Mérida l'avait prévu.

Malheureusement, rien d'autre ne se passa ensuite comme elle l'aurait voulu ! Mérida désirait obtenir d'Elinor qu'elle change d'avis sur l'arrangement de son mariage, mais le sort transforma la reine… en ours !

Mérida devait rompre le sort. Elle devait faire sortir l'ourse Elinor du château et la ramener chez la sorcière. Et ce, avant que Fergus ne la trouve. Il fallait donc qu'un complice détourne l'attention du roi. Elle avait besoin de quelqu'un d'intelligent, de rusé, et qui n'aurait pas peur de faire un peu de bazar. Mérida avait besoin de l'aide… des triplés !

– Une sorcière a transformé maman en ourse, expliqua Mérida à ses frères. Il faut qu'on la sorte du château. J'ai besoin de votre aide.

Les garçons attirèrent l'attention de Fergus et des hommes du clan en créant un ours fantôme. Ils les piégèrent pour qu'ils montent sur le toit et les enfermèrent dehors.

Mérida leur en fut très reconnaissante.

– Je reviens bientôt, lança-t-elle en faisant sortir Elinor-ourse par la porte de la cuisine. Vous pouvez vous servir de ce que vous voudrez, comme récompense.

La cuisine était remplie de friandises. Mais Mérida ne réalisa pas ce qu'elle avait laissé derrière elle : le reste du gâteau ensorcelé. Les garçons le remarquèrent et se regardèrent, perplexes. Puis ils regardèrent à nouveau le gâteau sur la table. Mérida avait bien dit qu'ils pouvaient tout manger !

Hamish fut le premier. Il détacha un petit morceau du gâteau. Il l'enfourna dans sa bouche et commença à mastiquer. Il avait un goût de tarte et de gibier… et il était délicieux ! Il en prit un autre morceau, mais Hubert fut trop rapide pour lui. Il s'empara du reste du gâteau.

Harris savait qu'il devait faire vite. Le gâteau était à deux doigts de disparaître dans la bouche d'Hubert. Il se jeta en avant, arracha un morceau de la main d'Hubert et l'avala.

Tout à coup, Hamish rota. Il se couvrit la bouche avec sa main, sauf que ce n'était plus une main. C'était une patte ! Hamish en resta bouche bée.

Hubert et Harris se mirent à rire. Leur frère avait l'air si bête avec des pattes d'ours ! Mais Hubert aussi se mit à roter. Il vérifia rapidement ses mains. Heureusement, elles ne s'étaient pas transformées en pattes. Mais il y avait quelque chose d'autre qui n'allait pas. Le nez d'Hubert était devenu un museau d'ours !

Harris arrêta de rire. Un frère à moitié ours était drôle. Mais les deux ? Ça pourrait être grave. Il ne savait pas ce qui se passait. Il se gratta la tête pour réfléchir… et remarqua qu'il y avait deux nouvelles bosses sur sa tête. Il regarda son reflet dans un miroir. Il avait des oreilles d'ours !

Les garçons ne savaient pas quoi dire. Mais cela n'avait plus d'importance car, en quelques instants, ils avaient perdu l'usage de la parole, ils ne pouvaient que grogner. Les triplés s'étaient transformés en ours, tout comme leur maman !

Les trois garçons-oursons avaient besoin de leur sœur, mais elle n'était pas encore revenue de la forêt. Fergus n'aimait pas les ours, ils ne pouvaient donc pas prendre le risque d'être vus. Ils devraient se cacher jusqu'au retour de Mérida.

Dans la forêt, Mérida et Elinor-ourse n'arrivaient pas à rompre le sort. Mais la jeune fille pensait avoir trouvé une solution. La sorcière lui avait laissé un message : *Répare le lien déchiré par l'orgueil.* « La tapisserie ! » devina Mérida. Il fallait qu'elle recouse la tapisserie familiale.

Pénétrer à nouveau discrètement dans le château n'était pas chose facile, surtout quand l'une des personnes était un ours géant. Mérida et Elinor-ourse réussirent à entrer à l'intérieur, mais leur plan échoua aussitôt. Elinor-ourse tenta de s'échapper pendant que Fergus enfermait sa fille dans la salle des tapisseries.

– Je ne vais pas risquer de te perdre ! cria-t-il.

Mérida n'arrivait pas à faire en sorte que son père l'écoute. Il ne savait pas qu'Elinor-ourse était la reine ! Le temps pressait. Mais Mérida était toujours enfermée. Comment allait-elle ouvrir la serrure ?

Tout un coup, Mérida vit quelque chose à travers le judas : des oursons ! Trois oursons identiques ! Qu'avait-elle fait ? Elle comprit que ses frères avaient dû manger le gâteau ensorcelé.

Elle se rappela aussi qu'elle avait souhaité que ses frères, et sa mère, changent !

Mérida voulait s'excuser auprès des triplés – mais cela devrait attendre. Pour l'instant, elle avait besoin de leur aide. Elle devait sortir d'ici et s'occuper de sa mère ! Elle ordonna à ses frères ours :

– Prenez la clé !

Dans la salle des tapisseries, Mérida retira la tapisserie familiale du mur. Elle commença à recoudre la déchirure. Mais elle n'eut pas le temps de finir de la raccommoder. Garçons ou oursons, il ne fallut pas longtemps pour que les triplés reviennent et jettent la clé à leur sœur.

– Bien joué, les garçons, les remercia Mérida.

Elle attrapa la tapisserie, l'aiguille et le fil, puis partit en courant dans les escaliers. Les oursons la suivaient. Mais Mérida s'arrêta et secoua la tête.

– Non, les garçons, vous restez ici, leur demanda-t-elle. Cette tapisserie va briser le sort. Je dois la donner à maman avant que papa ne la trouve.

Les triplés voulaient aider. Elinor-ourse était aussi leur mère ! Ils devaient montrer à Mérida combien ils pouvaient être courageux. Ours-Hamish monta sur les épaules d'Ours-Hubert. Ours-Hubert grimpa sur les épaules d'Ours-Harris. Puis la pyramide d'ours rugit d'un seul coup.

– C'est trop dangereux, insista-t-elle. Je n'ai pas de temps à consacrer à trois petits bébés. Maintenant, retournez à l'étage et attendez-moi. Je reviendrai bientôt, leur ordonna-t-elle en désignant l'escalier.

Les trois petits, déçus, montèrent les marches en traînant les pattes, sans presque faire attention à rien. Ils ne se rendirent même pas compte qu'il y avait quelqu'un derrière eux, jusqu'à ce qu'ils entendent quelqu'un crier :

– Je te tiens !

Les oursons hochèrent la tête. Mérida avait raison ! En fait, ils se dirent qu'elle ne pourrait probablement rien sauver sans leur aide !

Ce n'était pas facile, mais Mérida réussit à atteindre Elinor-ourse à temps et à briser le sort.

Dès qu'Elinor redevint humaine, les triplés se transformèrent également. Mérida retrouvait enfin sa famille !

La magie n'avait bien sûr pas complètement disparu. Comme le dit la légende, la conséquence de leur transformation en ours fut que les triplés restèrent un peu plus sauvages qu'avant. Mais cela ne dérangeait pas Mérida.

– Vous êtes peut-être parfois insupportables, comme des ours mal léchés, les garçons, dit-elle, mais vous êtes des frères parfaits pour moi !

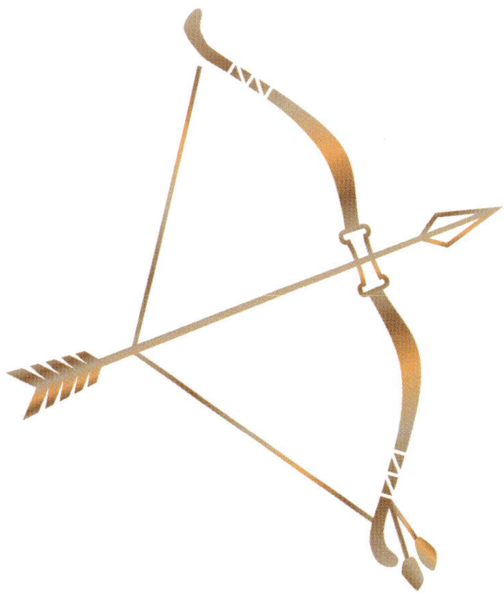

FIN

BLANCHE-NEIGE

On l'a appelée « la plus belle de toutes », mais Blanche-Neige est surtout connue pour sa gentillesse envers tous les êtres vivants, sa nature aimante et sa douce voix. Toujours optimiste, elle sait tirer le meilleur parti de chaque situation. Même si elle doit quitter le château pour fuir sa méchante belle-mère, elle construit un foyer heureux avec ses nouveaux amis, les nains. Et quand tout va mal, elle sait qu'un sourire et une chanson peuvent tout arranger.

APRÈS LA TEMPÊTE

**HISTOIRE ÉCRITE PAR ERIN FALLIGANT
ET ILLUSTRÉE PAR NATHANNA ÉRICA**

Ploc, *ploc, ploc !*

Blanche-Neige regardait par la fenêtre alors que les premières gouttes de pluie commençaient à éclabousser les vitres de la maison. Des nuages sombres et sinistres se profilaient dans le ciel.

Les Sept Nains auraient déjà dû être de retour de leur travail à la mine de diamants. Avaient-ils été pris dans la tempête ?

Blanche-Neige mit sa cape en se couvrant la tête et sortit en vitesse. Elle chercha dans les bois ombragés sous le ciel obscur. Elle cria les noms des Nains un par un, espérant entendre leur réponse. Enfin, elle entendit au loin les sifflements d'une chanson familière. Les Nains arrivaient !

– Ouf, je suis rassurée ! murmura Blanche-Neige, juste au moment où les nuages éclataient au-dessus de sa tête.

La pluie s'abattait à grand fracas, trempant sa cape et s'écrasant avec force dans le ruisseau sous le pont. Blanche-Neige resserra sa capuche.

– Oh, s'il vous plaît, dépêchez-vous ! cria-t-elle aux Nains.

Au-dessus d'elle, le vent gémissait et les branches des arbres grognaient. Soudain, Blanche-Neige vit une lanterne se balancer parmi les arbres. Prof ouvrait la voie, les six autres Nains le suivant de très près. Ils pataugeaient sur le sentier boueux, le manche de leur pioche rebondissant sur leurs épaules.

– Allez, vite ! les appela Blanche-Neige, du haut du pont. Dépêchez-vous !

Mais, juste au moment où les Nains traversaient le pont…

BLANCHE-NEIGE EST :

Insouciante
Empathique
Rassurante
Douce
Aimante
Positive

SON RÊVE :

Trouver son prince

MOMENT HÉROÏQUE :

Dépasser ses peurs pour se construire une nouvelle vie

COMPAGNONS :

Les Sept Nains

CITATION CÉLÈBRE :

« Je suis sûre que je me débrouillerai, d'une manière ou d'une autre. Tout ira bien. »

Scraaatch ! Un éclair vint illuminer le ciel.

Braoum ! Le tonnerre gronda.

Crac ! Un arbre commença à tomber sur la maison des Nains.

Craaaaac ! Le toit de chaume de la maison se fendit en deux.

Blanche-Neige en eut le souffle coupé. Depuis qu'elle s'était réfugiée dans la forêt pour échapper à sa méchante belle-mère, la maison des Nains était sa nouvelle demeure.

– J'en étais sûr ! s'écria Grincheux. Ça fait des années que je vous dis qu'un de ces jours l'un de ces vieux arbres allait tomber.

Prof essuya les gouttes de pluie sur ses lunettes et regarda à nouveau la maison.

– *Don mieu !* s'exclama-t-il. Euh, non… mon Dieu ! Et maintenant, que fait-on ?

Alors qu'un autre éclair traversait le ciel, Blanche-Neige retrouva sa voix.

– Maintenant, rentrons, dit-elle fermement. On ne peut pas rester dehors pendant l'orage.

– M-mais… et l'arbre ? murmura Timide en tortillant sa barbe d'un côté à l'autre.

– Tout va bien se passer, le rassura Blanche-Neige. Nous trouverons un coin confortable où nous pourrons rester au chaud et au sec. Nous serons en sécurité.

Mais alors qu'elle menait les Nains vers la porte de la maison, elle sentait sa gorge se nouer. Qu'allaient-ils trouver à l'intérieur ?

La porte d'entrée s'ouvrit en grinçant, et un oiseau bleu effrayé s'envola.

– Oh, mon pauvre, murmura Blanche-Neige. Ta maison a-t-elle été détruite par l'orage ?

L'oiseau bleu siffla fort avant de disparaître dans l'obscurité.

– On dirait bien que notre maison aussi a été détruite, constata Joyeux, dont le sourire jovial avait été remplacé par un froncement de sourcils.

Il pointa du doigt la cuisine où l'arbre reposait sur une table en morceaux, des chaises cassées et une huche brisée. Des casseroles et des poêles étaient éparpillées sur le sol dans des flaques d'eau de pluie.

Alors qu'ils inspectaient l'arbre tombé à l'intérieur de la maison, Blanche-Neige vit un nid d'oiseau abandonné suspendu à une branche cassée. Quelques douces plumes bleues étaient enchevêtrées dans les branches.

– Oh, dit-elle, j'espère que ce petit oiseau bleu trouvera un endroit sûr pour dormir ce soir.

Elle prit soigneusement le nid entre ses mains et le plaça sur un tabouret près de la porte.

– Tout est en mille morceaux, grogna Grincheux en croisant les bras.

– Eh bien, non, pas tout, poursuivit Blanche-Neige de sa voix la plus gaie. L'arbre n'est tombé que dans la cuisine. Fermons les volets. Allez, vite !

Il s'empressa de poser une main sur sa bouche, comme effrayé par le son de sa propre voix.

– Mais…, continua Prof, Timide a maison. Non, non… Je veux dire, Timide a raison ! Nous avons oublié de t'accorder un vœu, Blanche-Neige !

Elle embrassa tous les Nains dans un grand câlin.

– Vous êtes de vrais amours, dit-elle. Mais j'ai tout ce dont j'ai besoin juste ici.

À ce moment-là, elle se sentait parfaitement heureuse. Elle voulait juste dîner et plonger dans un bon lit douillet.

– Allons nous laver, proposa Prof aux autres Nains. Blanche-Neige, repose-toi pendant que je mets une marmite de soupe sur le feu.

Quelques minutes plus tard, Prof servait de la soupe chaude aux Nains et à Blanche-Neige qui avaient pris place autour de leur nouvelle table. Après le dîner, Atchoum ferma les nouveaux volets et Timide posa un nouveau bouquet de fleurs sauvages sur le nouveau rebord.

Lorsque l'heure fut venue d'aller au lit, Blanche-Neige aida Prof à atteindre un livre de chevet sur la nouvelle étagère. Grincheux joua une berceuse au piano, assis sur coussin en plumes tout neuf. Dormeur s'étira tout le long de son nouveau banc et s'endormit immédiatement. Et lorsque le nouveau coucou sonna neuf heures, Simplet fit un grand sourire à la grenouille coassante. Il s'accroupit et rebondit comme une grenouille… jusqu'à aller écraser Grincheux.

– Très bien, dit Blanche-Neige en riant, maintenant, au lit tout le monde !

Une fois tous les Nains au lit, elle se glissa dans le sien et tomba dans un sommeil profond et heureux. Blanche-Neige dormait si paisiblement qu'elle n'entendit pas les Sept Nains sortir du lit. Elle ne les entendit pas descendre l'escalier sur la pointe des pieds et ramasser les derniers morceaux de bois de l'arbre tombé. Elle ne les entendit pas porter le bois dehors et passer la nuit à lui sculpter une surprise spéciale.

Quand elle se réveilla le lendemain matin, la maison était calme.

– Coucou ? appela-t-elle. Où êtes-vous tous passés ?

Elle mit sa cape et se précipita à l'extérieur quand Simplet surgit au coin de la maison, avec un sourire innocent.

Il agita le bras pour qu'elle le suive. Puis il mit un doigt sur ses lèvres, comme pour garder un secret, et repartit sur la pointe des pieds vers la maison.

– Qu'est-ce qu'il y a, Simplet ? demanda Blanche-Neige en se lançant à sa poursuite.

Lorsqu'elle arriva au coin de la maison, elle vit les six autres Nains qui se tenaient le long de la rivière. Ils étaient tout rouges d'impatience. Même Grincheux avait l'air un peu moins grincheux.

– Que se passe-t-il ? s'enquit-elle de nouveau en riant.

– Viens avec nous, dit simplement Joyeux, tandis que les Nains la conduisaient vers une jolie petite cascade en aval.

Au-dessus, un drap avait été lancé sur une branche d'arbre.

– Surprise ! crièrent les Nains.

Ils retirèrent le drap pour révéler un beau panneau neuf accroché à la branche à côté de la cascade. Blanche-Neige s'approcha pour lire les mots : « Cascade de Blanche-Neige où les vœux se réalisent ».

– Oh ! s'exclama-t-elle. Vous avez fait ça pour moi ?

Des larmes de joie jaillirent de ses yeux.

– Maintenant, tu vas pouvoir faire un nœud, je veux dire, faire un vœu ! lança Prof.

– Plein de vœux ! soupira Timide. C'est Grincheux qui a eu l'idée.

Cascade de
Blanche-Neige
où les vœux
se réalisent

RAIPONCE

Raiponce est créative, jovíale, amicale et courageuse. Elle avait autrefois des cheveux magiques qui brillaient lorsqu'elle chantait une chanson spéciale et pouvaient guérir n'importe quel mal, y compris la vieillesse. Pendant dix-huit ans, Raiponce n'avait eu qu'un seul rêve : voir les lumières des lanternes qui s'élevaient dans le ciel chaque année pour son anniversaire. En sortant de sa tour, Raiponce réussit finalement à réaliser son rêve et apprit qu'elle était la princesse perdue du royaume. Maintenant, de retour chez elle avec sa famille, il est temps pour Raiponce de trouver un nouveau rêve.

DES ÉTOILES PLEIN LES YEUX

HISTOIRE ÉCRITE PAR KATHY MCCULLOUGH
ET ILLUSTRÉE PAR NICOLETTA BALDARI

Raiponce contemplait le ciel sans lune au-dessus d'elle. Sur le toit du château, rien ne lui cachait la vue.

– Regarde, Pascal ! dit-elle au petit caméléon sur son épaule. On dirait que les étoiles brillent depuis toujours !

À moitié endormi, Pascal souleva la tête et acquiesça, avant de retourner à sa sieste.

Depuis qu'elle s'était échappée de la tour et qu'elle était rentrée au château, Raiponce ne se lassait pas de contempler le ciel. Elle avait vite compris que cette partie cachée du toit était le meilleur endroit pour observer les étoiles : le plus haut et le plus sombre du royaume.

– Les étoiles ne sont-elles pas magnifiques ? lança Eugène qui apparut sur le toit et la rejoignit.

Raiponce approuva en levant son bras vers le ciel. Sans la lueur de la lune pour cacher les étoiles les plus lointaines, on aurait dit qu'un coup de pinceau supplémentaire de poussière d'argent étincelante avait été donné sur le ciel. Eugène se mit à rire à cette idée.

– Bien sûr, mais tu dis ça tous les soirs. Ce sont les mêmes étoiles qu'hier et qu'avant-hier, se moqua-t-il gentiment.

– Mais la vue est différente chaque nuit ! le contredit Raiponce en montrant une constellation d'étoiles brillantes juste au-dessus d'eux. Orion s'est déplacé un peu vers l'est. Tu vois ? Et maintenant, le Taureau est devant nous. Juste là.

– J'ai lu quelque chose sur cet observatoire dans mon livre ! s'exclama Raiponce. Mais il est trop loin pour que je puisse y aller tous les soirs.

– Tu aurais besoin d'un observatoire ici, dans le royaume. Mais la dernière fois que je me suis informé, nous n'en avions pas, rétorqua Eugène.

Un sourire illumina le visage de Raiponce.

– Pas encore, murmura-t-elle.

Raiponce expliqua à ses parents que l'observatoire ne serait pas seulement pour elle, mais à partager avec tout le royaume. Le roi et la reine furent enchantés par cette idée.

Ils organisèrent une rencontre entre Raiponce et les architectes royaux, qui se montrèrent ravis de cette mission. Enfin, quelque chose de plus excitant à faire qu'une réparation de toit d'entrepôt ou de mur de château ! Ils passèrent au peigne fin les croquis d'observatoires dans les livres que Raiponce leur avait apportés. En quelques jours, leur plan était prêt.

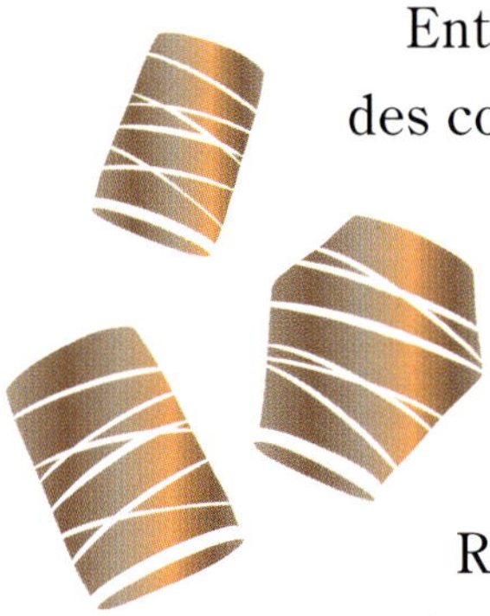

Entre-temps, la princesse se chargeait de recruter des maçons et des constructeurs dans le village. Lorsque les anciens bandits entendirent parler du projet, ils se rendirent au château proposer leurs services. Attila, qui était à présent chef dans une boulangerie, apporta des pâtisseries pour l'équipe.

– Tu nous as incités à vivre nos rêves, expliqua Attila à Raiponce en lui offrant un petit pain aux noix. Le minimum que nous puissions faire est de t'aider à vivre les tiens.

– Je suis sûr qu'il sera très agréable de revoir le vieux Pégase de près, dit Greno tout en étalant du mortier sur une brique.

– Revoir ? demanda Raiponce, étonnée que Greno connaisse la constellation en forme de cheval.

Greno montra le tatouage d'une étoile encerclée sur son bras gauche.

– Astronome amateur. C'est mon rêve, lança-t-il en souriant. J'avais l'habitude de visiter l'observatoire de Stellonia dès que j'étais dans les parages. Augustin Salvari m'avait pris sous son aile et m'a tout enseigné sur les constellations.

– Tu connais Augustin Salvari ? s'exclama Raiponce.

Elle était à présent encore plus abasourdie. Elle avait tout lu sur le célèbre fabricant de lentilles.

– Il a fait les lentilles du télescope pour l'observatoire de Stellonia ! On devrait lui demander de fabriquer les nôtres !

Raiponce avait trouvé des ferronniers locaux pour construire le châssis du télescope géant de l'observatoire, mais le seul fabricant de lentilles de tout le royaume ne proposait que des lunettes. Il avait réussi à créer l'oculaire pour la petite partie du télescope, mais ses tentatives de construire de plus grandes lentilles avaient toutes échoué.

Greno secoua la tête.

– Augustin a perdu la vue il y a quelques années et il a dû prendre sa retraite, dit-il. Il ne sort pratiquement plus de chez lui. Il ne veut même plus entendre parler des étoiles. Il a renoncé à son rêve.

Raiponce essaya de s'imaginer ce que cela devait être de ne plus pouvoir voir les étoiles. De ne plus pouvoir voir le visage de ses parents, leur nouvelle maison dans le royaume, le sourire loufoque d'Eugène, ou les grands yeux bruns de Pascal et sa jolie petite queue…

Voudrait-elle alors se retirer du monde ? Peut-être. Pour un temps, en tout cas. Mais les choses qu'elle ne pourrait plus voir seraient toujours là et elle espérait que d'une certaine manière elle trouverait le moyen de reprendre contact avec elles. Comme les livres l'avaient connectée au monde extérieur lorsqu'elle était enfermée dans la tour.

– Nous pourrions peut-être lui redonner envie de rêver, songea Raiponce. Nous devrions au moins essayer.

Quelques jours plus tard, Raiponce se présenta avec Greno devant le portail de la petite maison couverte de vignes. Avant même qu'ils eussent frappé à la porte, une voix rauque cria de l'intérieur :

– C'est toi, Greno ? C'est pas trop tôt ! Je n'ai plus de petits pains aux noix !

Raiponce sourit et brandit une boîte.

– Devrais-je lui dire que nous avons apporté un cadeau ? murmura-t-elle.

Greno lui avait raconté la passion d'Augustin pour les pâtisseries d'Attila.

– Il y a quelqu'un avec toi, pas vrai ? gronda Augustin. Je ne suis peut-être plus capable de bien voir, mais j'ai l'ouïe encore plus fine qu'avant. Allez-vous en ! aboya-t-il.

– C'est juste moi, Raiponce, dit la princesse à travers la porte. Je suis vraiment désolée de venir vous déranger, mais nous construisons un observatoire ici dans le royaume. Nous avons besoin de votre aide pour faire la grande lentille du télescope.

– La princesse Raiponce ? demanda l'ancien fabricant. C'est un honneur de recevoir votre visite, bien sûr. Mais Greno ne vous a-t-il pas dit que j'étais aveugle ? Je suis désolé… Je ne peux pas vous aider, termina-t-il avec une voix devenue plus triste que rauque.

– Oui, c'est vrai, répondit-il.

À travers l'objectif du télescope, les étoiles, les planètes et les tourbillons de gaz et de poussière scintillaient et brillaient.

– Ces étoiles qui étaient si lointaines… elles semblent tellement plus proches ! s'exclama Raiponce. À présent, je peux voir encore plus d'étoiles, encore plus lointaines. Je veux aussi voir ces étoiles de plus près !

Eugène rit.

– Dommage que tu ne puisses pas voler là-haut.

Il remarqua un regard pensif sur le visage de Raiponce.

– Je plaisante, ajouta-t-il. Qu'est-ce que tu vas faire ? Construire une fusée ?

La jeune fille lança un regard malicieux à Eugène.

– Pourquoi pas ? lâcha-t-elle dans un sourire. Pour rejoindre les étoiles, rien n'est impossible…

FIN

POCAHONTAS

Pocahontas est la princesse de la tribu des Powhatans. C'est une jeune femme noble, libre d'esprit et très spirituelle, affectueusement surnommée « Petite Espiègle » par son père. Elle possède une sagesse rare à son âge et offre bienveillance et soutien à ceux qui l'entourent. Elle aime son clan, l'aventure et la nature.

LES TROIS SŒURS

HISTOIRE ÉCRITE PAR ELIZABETH RUDNICK ET ILLUSTRÉE PAR ALICE X. ZHANG

REMERCIEMENTS PARTICULIERS À DAWN JACKSON, CONSULTANTE CULTURELLE (SAGINAW CHIPPEWA)

L'air était vif et frais alors que Pocahontas marchait dans les bois. Sous ses pieds, des feuilles de la couleur d'un feu chaud crissaient et faisaient chanter l'air. Pocahontas sourit. L'automne était arrivé. C'était sa saison préférée. Le changement était partout, et promettait de nouvelles aventures.

– N'est-ce pas magnifique, Meeko ? demanda-t-elle, se tournant pour regarder le raton laveur gris et noir qui courait à ses côtés.

La petite créature leva les yeux et lui répondit en marmonnant quelque chose. Elle rit. Meeko n'aimait pas l'automne, ni l'hiver qui suivrait. Pour lui, cela signifiait des nuits froides, des jours courts et moins de nourriture.

Mais Pocahontas n'était pas inquiète. Elle et son peuple avaient travaillé et vécu sur cette terre depuis des générations. Ils connaissaient la meilleure façon de passer le dur hiver.

Pocahontas arrivait à proximité de son village, en se frayant un passage dans les branches basses. Il y avait beaucoup de monde. La plupart des hommes étaient partis chasser ou pêcher pour faire des provisions pour les mois à venir. Quelques-uns des plus jeunes hommes étaient restés protéger le village.

Pocahontas salua l'un d'entre eux d'un hochement de tête. Le jeune homme essaya de garder son sérieux, mais au passage de Pocahontas, il se mit à sourire.

POCAHONTAS EST :

Courageuse
Protectrice
Audacieuse
Respectueuse de la nature
Généreuse
Spirituelle

SON RÊVE :

Avoir le courage d'accueillir la différence

MOMENT HÉROÏQUE :

Son cri de paix pour arrêter la guerre entre les colons et sa tribu

COMPAGNONS :

Meeko et Flit

CITATION CÉLÈBRE :

« Mon rêve m'indique un autre chemin. »

Plus loin dans le village, Pocahontas et Meeko arrivèrent devant ce qui allait être un nouveau *yi-hakan*. La charpente de la maison longue commençait à prendre forme. Les conversations n'en finissaient pas entre les amies, les sœurs, les mères et les filles pendant qu'elles s'employaient à la construction.

C'était le travail des femmes de sa tribu de bâtir les maisons, et elles en étaient très fières.

Pocahontas les observa pendant un moment. Elle avait réalisé de nombreuses habitations avec ces mêmes femmes, mais cela l'étonnait encore.

Construire une maison à partir de la nature qui les entourait faisait partie de leur tradition et de leur culture. Et au fil des ans, le processus n'avait pas changé. Certaines femmes travaillaient les jeunes arbres, les pliant jusqu'à ce qu'ils forment un U. D'autres cousaient les nattes qui allaient devenir le toit. D'autres ramassaient le bois qui servirait à alimenter le feu et à maintenir la maison au chaud pendant le long hiver. Et d'autres encore créaient des couvertures chaudes avec des fourrures qui finiraient sur le sol, ou des bancs bas qui tapisseraient le *yi-hakan*.

En voyant son amie Nakoma se débattre avec une longue branche, Pocahontas se précipita pour l'aider : elle poussa sur la branche. Le bois s'était arqué sous la pression de leurs mains jusqu'à ce que les deux extrémités touchent le sol. Une demi-douzaine d'autres avaient déjà été courbés et placés dans le sol. Ensemble, ils allaient former un long bâtiment bas qui ressemblait aux tunnels que les écureuils creusaient sous terre.

– Merci, Pocahontas, dit Nakoma, en se levant et en écartant une mèche de cheveux noire de son visage. J'avais du mal avec celui-là. Le bois n'est peut-être pas prêt. Mais nous n'avons pas le temps d'attendre. La famille doit emménager bientôt.

Derrière elles, le soleil plongeait déjà vers l'horizon, faisant fraîchir l'air. Pocahontas acquiesça d'un signe de tête. Elle savait que le jeune couple récemment marié voudrait emménager dans sa nouvelle maison avant les premières gelées. Il fallait donc la préparer rapidement.

– Je reviendrai bientôt pour aider, promit-elle à Nakoma. Je dois juste aller voir comment vont mes récoltes.

Nakoma sourit.

– Bien sûr, nous serons là. Et nous aurons besoin de tes Trois Sœurs, ajouta Nakoma en faisant référence aux maïs, haricots et courges que Pocahontas avait plantés au printemps.

Nakoma leva les yeux vers le ciel sans nuages et ensoleillé.

– J'ai le pressentiment que l'hiver sera long cette année.

Pocahontas suivit le regard de son amie. Dans les airs, une volée d'oies se dirigeait vers le sud, le vol en V et les appels de trompette annonçant des temps plus froids. Il était difficile

Elle montra du doigt les plantations.

– C'est toi qui les récoltes ?

Pocahontas fit signe que oui.

– Je le ferai bientôt, répondit-elle. Nous les plantons au printemps et nous attendons les premières gelées avant de récolter. Cela leur permet de pousser plus longtemps.

Une par une, elle montra aux trois sœurs ses propres Trois Sœurs : le maïs, les haricots et les courges.

– Il est important que ces trois cultures soient plantées les unes avec les autres. Seules, elles pourraient pousser, mais elles sont plus fortes et prospèrent mieux lorsqu'elles sont plantées ensemble. Elles nous donneront de quoi nous nourrir pendant l'hiver.

À sa grande surprise, Prudence laissa échapper un rire. Mais ce n'était pas un rire gentil.

– C'est toi qui t'occupes des plantations ? demanda-t-elle. Pourquoi ?

– Oui, pourquoi ? ajouta Patience, ses épais sourcils se rapprochant encore plus l'un de l'autre.

Pocahontas se tut un instant. Elle comprit que les femmes anglaises menaient une vie très différente de celle de son peuple. En inspirant un grand coup, elle expliqua :

– Dans notre village, c'est le travail des femmes de veiller aux cultures. Nous devons nous assurer que nous aurons assez de nourriture pour tout le monde, et pas seulement pour notre propre famille, quand l'hiver sera là. Plus nous produirons, plus nous récolterons, mieux nous mangerons.

– Mais vous faites tout ce travail ? la coupa Prudence. C'est vraiment la chose la plus stupide que j'aie jamais entendue. Les hommes ne sortent-ils pas pour aller chercher de la nourriture l'hiver ? C'est ce que font nos hommes quand nous avons besoin de provisions. Après tout, c'est leur travail de nous fournir de la nourriture. Et pas l'inverse. Ensuite, nous la préparons.

– Prudence ! l'interrompit Purity sévèrement. Nos vies et nos cultures sont différentes !

Se tournant vers son amie, elle haussa les épaules.

– Pardonne ma sœur. Elle ne réfléchit pas toujours avant de parler. Je pense, moi, que c'est merveilleux que vous ayez un travail aussi important.

Un grand cri venant du village fit sursauter le groupe. Prudence et Patience firent un bond en arrière. Mais Pocahontas n'était pas inquiète, juste curieuse. Elle passa devant les deux femmes pour se diriger vers la source du bruit.

– Je suis vraiment désolée, murmura Purity en la rejoignant.

Derrière elles, Prudence et Patience suivaient à contrecœur.

– Je pensais que ce serait amusant pour mes sœurs. Elles restent assises à la maison toute la journée à se plaindre. Je me suis dit qu'une promenade leur ferait du bien.

– Ne sois pas désolée, la rassura Pocahontas, en tendant la main et en serrant le bras de Purity. Je suis contente de voir une amie. Est-ce que tout va bien pour toi ?

Un nuage de tristesse traversa le visage habituellement joyeux de son amie.

– Tout va bien, chuchota-t-elle. Je m'inquiète juste que nous ne soyons pas prêts pour l'hiver à venir. Pas comme vous l'êtes, vous.

La jeune femme avait des raisons de s'en soucier. Pocahontas avait vu la colonie anglaise, et elle était encore loin d'être prête pour l'hiver. Mais elle ne le dit pas à voix haute. Elle savait que cela ne ferait qu'inquiéter davantage Purity.

Au lieu de cela, Pocahontas ralentit son rythme pour que les sœurs puissent les rattraper. Elles tenaient les longues jupes de leurs robes en l'air alors qu'elles avançaient délicatement sur la pointe des pieds.

– N'avez-vous pas un chemin pavé pour marcher ? se lamenta Prudence.

– C'est bien vrai, ça, ajouta Patience de sa voix pleurnicharde.

Purity se pencha pour chuchoter à Pocahontas :

– Nous n'avons pas non plus de beaux sentiers. Mes sœurs pensent toujours que ce Nouveau Monde devrait ressembler à une ville anglaise bien coquette.

– Et quelle est cette odeur ? interrogea Patience en plissant le nez. Ça sent le bois mouillé.

– C'est vrai, répondit Pocahontas. Nous avons ramassé du bois pour le faire sécher. Le bois humide ne brûle pas aussi bien et enfume les maisons. Alors nous séchons le bois maintenant pour qu'il soit prêt à être utilisé quand les jours seront plus froids.

Prudence frissonna.

– Plus froids ? répéta-t-elle. Il fait déjà très froid. J'aurais dû emporter mon châle, mais Purity était si pressée que je l'ai laissé à la maison. Je suis presque gelée.

Repérant une couverture de fourrure sur un banc bas à l'extérieur de l'une des maisons, Pocahontas l'offrit à Prudence. La jeune femme refusa, comme si la fourrure pouvait soudainement redevenir l'animal auquel elle avait appartenu.

– Je préfère encore frissonner, grimaça-t-elle.

Pocahontas haussa les épaules. Elle aurait au moins essayé.

Elles poursuivirent leur chemin et arrivèrent finalement à l'endroit d'où était parti le cri. C'était le chantier de la nouvelle maison. Les yeux de Purity s'illuminèrent quand elle vit la structure.

– Oh là là ! s'exclama-t-elle. Regardez-moi ça ! On dirait une maison toute nue !

Pocahontas laissa échapper un rire.

– Oui, confirma-t-elle. Ce n'est pas encore fini, mais nous y travaillons dur.

– Vous ? reprit Patience. Ne me dis pas que vous construisez des maisons en plus de faire vos propres récoltes ! Vous êtes vraiment un peuple étrange.

Pocahontas sembla perplexe.

– Étrange ? répéta-t-elle. Cela n'a rien d'étrange. C'est notre tradition. Nous construisons nos maisons. Pourquoi ne le ferions-nous pas ? Elles nous appartiennent, après tout.

À son grand étonnement, Patience et Prudence étaient horrifiées.

– Comment ça, elles vous appartiennent ? Vous voulez sûrement dire qu'elles appartiennent à vos maris, précisa Patience, parlant au nom de sa sœur et d'elle-même.

Purity jeta un coup d'œil à sa sœur avant de regarder à nouveau le chantier.

– Je pense que c'est remarquable, dit-elle. Nous, nous n'avons pas notre mot à dire sur nos maisons, sauf sur la façon de les décorer. Et qu'est-ce que c'est, ça, là-bas ? demanda-t-elle, en montrant un trou rond au milieu de la structure.

– Ce sera le foyer, expliqua Pocahontas. Pour le bois que nous ramassons. Il y aura des nattes pour dormir à côté et nous pourrons également faire la cuisine sur le feu. Nous séchons une partie du gibier que les hommes ont chassé pendant les mois d'été et nous l'ajoutons à nos légumes. Nous fumons aussi une partie de la viande pour la manger seule.

Elle se souvint de ce que Prudence avait dit à propos de leurs hommes qui chassaient.

– Il est difficile de trouver des animaux en hiver. Comme nous, ils restent tapis pour se réchauffer. Certains dorment même toute la saison froide. Mais nous n'avons pas cette chance.

Pocahontas prononça la dernière phrase avec un sourire, espérant dérider également Prudence et de Patience. Mais Prudence se contenta de froncer les sourcils.

– Eh bien, je pense que nous en avons assez vu, Purity, dit-elle. J'aimerais rentrer à la maison maintenant, là où nous faisons les choses qu'une femme devrait faire. Pas jouer à construire des maisons et à s'occuper des récoltes.

Elle tourna les talons et s'éloigna. Mais ses pas furent ralentis par sa longue robe et elle finit par se dandiner plus que s'élancer. Patience la suivit.

Avec un regard d'excuse à Pocahontas, Purity tourna le dos pour suivre ses sœurs.

– Merci, lança-t-elle par-dessus son épaule. J'ai adoré voir tout ça. J'espère que je pourrai revenir bientôt, peut-être seule la prochaine fois.

Et avec un petit sourire, elle rejoignit ses sœurs.

En les regardant partir, Pocahontas fronça les sourcils. Elle savait que c'était un monde nouveau pour les femmes anglaises. Elle aurait juste aimé qu'elles soient un peu plus ouvertes aux différences.

Quelques semaines plus tard, Pocahontas se tenait devant la maison terminée. Elle souriait en voyant les femmes du village rassemblées autour,

– Oh, merci, Pocahontas ! dit Purity, en saisissant ses mains et en les serrant fort. Merci !

Elle sortit puis revint un instant plus tard avec Patience, Prudence, et un couple plus âgé qui, à en voir leurs expressions, tout aussi dures que celles de Patience et de Prudence, étaient leurs parents.

– Bienvenue, les accueillit Pocahontas. Venez vous réchauffer auprès du feu. Et je vais vous chercher quelque chose à manger. Vous devez avoir faim.

Patience, son éternelle grimace figée sur son visage, hocha la tête.

– Nous ne vous dérangerons pas longtemps. Nous voyons que vous êtes déjà à l'étroit.

Elle montra les villageois qui s'étaient rassemblés dans la maison du chef.

– Patience ! Ça suffit ! gronda Purity, l'air sévère. Tu devrais être reconnaissante de l'hospitalité que Pocahontas et sa famille nous offrent. Maintenant, assieds-toi. Et tais-toi.

Pocahontas sourit fièrement. Purity était plus forte que n'importe quelle tempête.

Elle regarda la famille de son amie se rapprocher lentement du feu. Au début, les villageois étaient silencieux, attendant de voir ce qui allait se passer ensuite. Mais au fil des minutes, l'ambiance dans la maison commença à se réchauffer.

Assise à côté de Purity, Pocahontas riait alors que plusieurs des plus jeunes enfants du village essayaient de jouer avec Patience et Prudence.

– Je ne pense pas qu'ils réalisent que mes sœurs ne se sont jamais amusées, même quand elles étaient enfants, chuchota Purity.

– Regarde…, murmura Pocahontas en retour. Je parie qu'ils réussiront bientôt à les faire participer à leur jeu.

Alors que la tempête continuait de faire rage à l'extérieur, Pocahontas et plusieurs autres femmes sortirent de la nourriture des garde-manger. Elles firent passer les plats et, grâce à la récolte qui avait été abondante, personne ne resta sur sa faim.

– C'est délicieux, s'exclama la mère de Purity après sa première bouchée de ragoût de maïs et de courge. J'aimerais que tu nous montres comment cuisiner vos légumes, Pocahontas.

– Je ne crois pas que nous ayons des recettes auxquelles vous êtes habituée, madame Williams, répondit gentiment Pocahontas. Mais je serais heureuse de vous montrer comment nous faisons un jour, si vous le souhaitez.

– Oui, s'il vous plaît, continua Mme Williams. Vous êtes les bienvenus dans notre maison quand vous voudrez. Après tout, vous nous avez si gracieusement ouvert la vôtre.

Avec un hochement de tête, Pocahontas se tourna vers son assiette.

Mais elle sentit qu'on l'observait et leva la tête. Prudence et Patience étaient debout devant elle. À sa grande surprise, elles avaient plutôt l'air… douces comme des agneaux.

– Nous voulions juste te dire…, commença Prudence.

– … que nous sommes désolées d'avoir été aussi malpolies…, ajouta Patience.

– … l'autre jour, termina Prudence. Nous avons eu tort de vous juger. Purity avait raison. Tu es forte et tu connais parfaitement cet endroit. Nous, nous ne le comprenons pas du tout. Pas encore.

Elles s'arrêtèrent et écoutèrent le vent qui hurlait à l'extérieur.

– Je me demandais si, euh…

– Je pense que je sais ce qu'elle veut dire, continua Purity en rejoignant ses sœurs. Tu pourrais nous enseigner ce que tu sais, si tu veux bien ? Pour l'hiver prochain. Comment cultiver, peut-être ?

Elle regarda les assiettes pleines de nourriture, pleines malgré la tempête qui faisait rage dehors. Prudence acquiesça.

Un timide sourire éclaira son visage. Elle avait ainsi l'air plus jeune, et Pocahontas put finalement discerner une petite ressemblance avec Purity.

– Oui, peut-être, avec le printemps, tu pourrais nous montrer comment planter aussi. Les… comment tu les appelles ?

– Les Trois Sœurs, répondit Pocahontas.

– Oui, bien sûr. Et d'ici là, nous pourrions partager notre nourriture et notre feu.

Elle fit une pause et regarda tout autour d'elle la maison, pleine de gens tellement différents mais réunis par les mêmes besoins. Le changement avait ainsi bouleversé leur village, comme une saison qui chasse l'autre. Mais c'était un changement bénéfique.

– Comme les Trois Sœurs, conclut Pocahontas. Nous sommes – et nous serons toujours – plus forts si nous grandissons ensemble.

FIN

JASMINE

Jasmine est la princesse d'Agrabah. Elle est incroyablement indépendante et forte. Elle n'a pas peur de dire ce qu'elle pense, quel que soit l'adversaire, et elle n'hésitera jamais à défendre ce qui est juste, surtout pour le bien de quelqu'un d'autre. Elle est extrêmement compatissante et attentionnée envers son royaume, sa famille et ses amis.

LE TOURNOI DU *PRINCESS POLO CLUB*

HISTOIRE ÉCRITE PAR KITTY RICHARDS ET ILLUSTRÉE PAR NABI H. ALI

Un matin, pendant qu'elle prenait son petit déjeuner, Jasmine reçut une lettre du *Princess Polo Club*.

– Elle est enfin arrivée ! s'exclama la princesse.

Le père de Jasmine, le sultan, avait l'air visiblement excité pendant que Rajah, son fidèle tigre, fouinait dans le plateau contenant la lettre. Aladin et son singe, Abu, se tordaient le cou pour tenter de voir quelque chose. Même le génie se taisait en attendant que Jasmine partage les nouvelles. Elle ouvrit l'enveloppe et lut :

Chère princesse Jasmine,

Félicitations ! Vous avez été choisie pour être capitaine de l'équipe du Princess Polo Club.

Veuillez vous présenter demain matin au Qamar Field pour rencontrer votre équipe : Les Raiders Royales.

Je vous remercie,
Le Princess Polo Club

Les *Princess Polo Games* n'avaient lieu qu'une fois par an. Des princesses de royaumes très éloignés les uns des autres venaient participer à ces

JASMINE EST :

Fougueuse
Compatissante
Généreuse
Sûre d'elle-même
Ouverte d'esprit
Accueillante

SON RÊVE :

Explorer un monde nouveau

MOMENT HÉROÏQUE :

Combattre Jafar pour sauver sa famille

COMPAGNON :

Rajah

CITATION CÉLÈBRE :

« Je ne peux pas rester ici et laisser les autres vivre ma vie à ma place. »

jeux. Cette année, ils se déroulaient à Agrabah, et Jasmine rêvait de gagner le trophée d'or du *Princess Polo Club*, comme sa mère l'avait fait il y avait bien longtemps.

– C'est excitant ! lança Aladin.

Abu émit quelques sons pour montrer son approbation. Le génie fit un signe de la tête.

– J'ai hâte de t'encourager !

Dans un *pouf* d'étincelles bleues, il se transforma en pom-pom girl avec un mégaphone et des pompons.

– Allez, Jasmine !

Le sultan rayonnait de joie.

– J'aimerais que ta mère soit là pour te voir marcher sur ses pas, dit-il à sa fille.

– Moi aussi, répondit Jasmine.

La princesse aimait le polo depuis qu'elle était toute petite. Elle adorait jouer en plein air, sentir la force de son cheval lorsqu'ils galopaient sur le terrain et ce sentiment magique de connexion avec ses coéquipiers. Mais ce qu'elle appréciait par-dessus tout

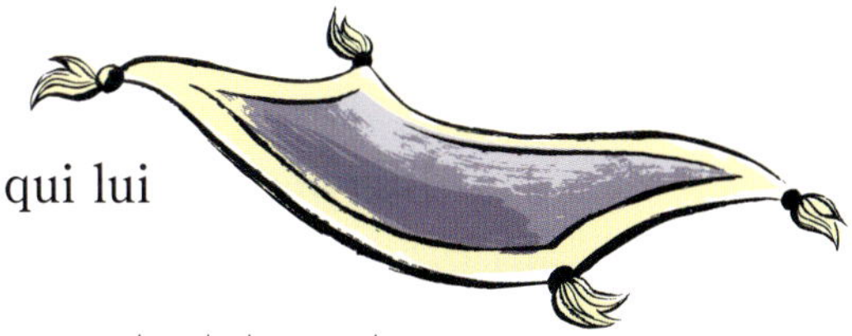

dans ce sport était son lien secret avec sa mère, qui lui avait donné son premier maillet.

Jasmine quitta la table du petit déjeuner en s'excusant, et, tenant solidement la lettre contre elle, elle se dirigea vers un corridor où elle passait volontiers du temps. Le doux bruit de ses pieds résonnait dans le grand couloir de marbre.

Jasmine s'arrêta devant une tapisserie géante sur le mur. On y voyait brodée une image de l'équipe de polo de sa mère. Les quatre coéquipières fêtaient avec joie leur victoire en se tenant sur la première marche du podium. La mère de Jasmine se tenait devant au centre, brandissant fièrement une coupe en or.

– Je ferai de mon mieux pour gagner la coupe, maman, chuchota Jasmine. Je gagnerai pour toi.

Le lendemain matin, un chaud soleil enveloppait tout le royaume d'Agrabah. Jasmine se prépara rapidement pour la journée à venir, s'arrêtant pour voir si le tapis magique allait l'accompagner sur le terrain. Le tapis tourbillonna dans l'air.

– Au revoir, Père ! À bientôt, tout le monde ! cria Jasmine en sautant sur le tapis. Souhaitez-moi bonne chance !

Elle s'envola par le balcon et s'éloigna du palais pour se rendre au terrain de jeux de Qamar. Le cœur de Jasmine battait la chamade.

Elle entra sur le terrain et vint se placer aux côtés de trois autres jeunes femmes. Elles se présentèrent toutes. Puis une femme plus âgée se plaça devant elles. Il sembla à Jasmine qu'elle connaissait ce visage, sans savoir d'où.

qu'elle heurtait les autres joueuses pour les empêcher de la bousculer ! Amira s'était révélée être une incroyable battante… tant qu'elle se faisait passer pour l'héroïne de l'un de ses livres. Et à présent que Zayna avait réalisé que son cheval était aussi énergique qu'elle, ils formaient une grande équipe. Ils arrivaient toujours les premiers au ballon !

– Hé, regardez-moi ! cria Kamali. Je joue au polo !

– Moi aussi ! s'écria Amira.

– Et moi ! s'époumona Zayna.

Jasmine ne pouvait s'empêcher de sourire. Son équipe n'était peut-être pas la plus talentueuse, mais elle apprenait peu à peu les règles. Et, ce qui était encore mieux : elles s'amusaient beaucoup en le faisant.

Le tournoi arriva et le vrai jeu commença enfin. Elles gagnèrent certains matchs et en perdirent d'autres. Mais à chaque match, Jasmine encourageait ses coéquipières à se servir de leurs forces pour faire de leur mieux. Elles eurent bientôt gagné suffisamment de matchs pour se qualifier pour la finale contre les *Monarques Majestueuses* !

– Bon travail, les filles ! déclara Jasmine alors que les princesses conduisaient leurs chevaux à l'écurie, caressant fièrement leurs crinières. Rentrons à la maison pour nous reposer. Demain, c'est le grand match !

Alors que tout le monde sortait du terrain, Jasmine vint se placer derrière son équipe et quelques joueuses des *Monarques Majestueuses* qui avaient terminé leur match en même temps que les *Raiders Royales*.

– Les matchs d'aujourd'hui étaient amusants, mais je suis épuisée, déclara Amira en bâillant.

– Au moins, vous pouvez profiter de votre victoire, déclara une joueuse des *Monarques*. Farah est tellement méchante. Elle nous crie toujours de galoper plus vite et de jouer plus fort. Rien de ce que nous faisons n'est jamais assez bien.

Une autre joueuse des *Monarques* vint se joindre à la conversation.

– Peut-être que Farah aurait besoin d'emprunter ton livre, Amira, ajouta-t-elle en hochant la tête vers le titre du livre. *Comment gagner en équipe* : notre capitaine ne connaît pas la définition du mot « équipe ». Je veux juste en finir avec le match de demain.

Jasmine écoutait, les yeux écarquillés. Elle aurait tellement aimé que tout le monde prenne plaisir à jouer au polo. Cette nuit-là, avant de se coucher, elle regarda la tapisserie de polo de sa mère pour qu'elle lui porte chance. Elle espérait rendre sa famille fière lors du match de demain, mais, plus que cela, elle voulait rendre son équipe fière.

Le lendemain, la ville d'Agrabah tout entière semblait trembler d'excitation. Lorsque Jasmine arriva sur le terrain, elle vit que les tribunes étaient remplies de familles et d'amis. La Princesse pouvait voir sa propre famille se rassembler et l'acclamer. Le sultan était assis au sommet du Rajah pour avoir une meilleure vue et il applaudissait lors de l'entrée de chaque cheval et de chaque joueuse sur le terrain. Le génie s'était multiplié en une fanfare complète, avec uniformes et instruments. Et Aladin et Abu criaient si fort que Jasmine pouvait les entendre de l'autre côté du terrain !

Alors que Jasmine rassemblait son équipe pour un petit discours d'encouragement, la princesse Farah croisa son chemin sur son cheval.

– Eh bien, voilà la poule mouillée, le rat de bibliothèque et le haricot sauteur. Préparez-vous à perdre ! lança Farah en galopant dans le champ.

Les joues de Jasmine devinrent rouges de colère, mais elle ignora ce sentiment pour se concentrer sur son équipe. Les princesses se blottirent l'une contre l'autre quelques instants avant le premier *chukker*, ou période de jeu.

– Farah ne sait pas que ce dont elle se moque est ce qui vous rend si spéciales, leur dit Jasmine.

– Je n'avais jamais réalisé à quel point j'aimais monter à cheval, déclara Kamali, en grattant affectueusement son cheval entre les oreilles. J'ai hâte d'empêcher Farah de marquer !

Amira sourit.

– Peut-être que je vais marquer mon premier but aujourd'hui !

– Et il n'y a rien que j'aime plus que galoper à toute vitesse à travers le terrain, ajouta Zayna, les yeux pétillants. Oh, j'espère que nous allons gagner le tournoi.

– Moi aussi. Maintenant, allons-y et amusons-nous ! lança Jasmine.

Le match commença. Zayna battit tout de suite Farah à la balle, ce qui permit aux *Raiders Royales* de gagner la première possession. Dans le second *chukker*, Kamali empêcha Farah de marquer non pas une, ni deux, mais trois fois ! Amira marqua deux buts toute seule dans le troisième *chukker*. L'un d'entre eux depuis l'autre côté du terrain ! Puis le ballon arriva droit sur Farah et Jasmine. Elles firent la course derrière lui. Jasmine cavala à côté de Farah et l'écarta habilement de sa route. Elle se dirigeait vers le but, prête à marquer. Mais soudain, elle vit Zayna.

Jasmine lui envoya la balle. Le visage de Zayna s'illumina, elle visa, tira et marqua avec un *bong* retentissant ! Jasmine regarda avec plaisir la balle rebondir vers le but… jusqu'à ce que Farah l'intercepte.

Les *Monarques Majestueuses* étaient en parfaite position pour marquer. Les coéquipières de Farah l'appelaient pour qu'elle leur passe la balle. Mais elle les ignora, galopa sur le terrain et marqua un but toute seule. Farah tint son maillet en l'air, victorieuse.

– C'est comme ça qu'on fait ! cria-t-elle à ses coéquipières.

– Jeu perso, murmura l'une des *Monarques*.

Après le quatrième *chukker*, les capitaines regroupèrent leur équipe.

– Bon travail, les *Raiders Royales* ! s'exclama Jasmine.

– Le score est serré, nota Amira. On a une bonne chance de gagner !

Les autres *Raiders Royales* poussèrent un grand cri de motivation.

Au-delà de son équipe concentrée, Jasmine jeta un coup d'œil pour voir les *Monarques Majestueuses* ; elle vit leurs épaules s'affaisser alors que Farah faisait un geste nerveux vers le but. Jasmine avait remarqué que Farah ne passait jamais le ballon à ses coéquipières, et cela lui faisait de la peine pour elles. Elle eut tout à coup une idée.

– Je suis si fière de vous, déclara Jasmine. Amira, tu n'as pas seulement marqué ton premier but, mais aussi ton second ! Zayna, tu as couru vers le ballon dès le début et tu nous as donné la première possession. Et, Kamali, je n'ai jamais vu personne empêcher l'autre équipe de marquer autant de fois ! Mais je ne suis pas sûre que l'autre équipe s'amuse autant que nous, poursuivit-elle en respirant profondément.

Jasmine serra ses coéquipières contre elle et leur fit part de son idée. Elle voulait donner à l'autre équipe une chance de jouer et de s'amuser. Les autres joueuses acceptèrent immédiatement !

Lorsque les *Raiders Royales* retournèrent sur le terrain pour le dernier *chukker*, Jasmine obtint la première possession. Elle

AURORE

Lorsque la princesse Aurore est née, la méchante fée Maléfique lui a jeté une malédiction. Pour protéger la jeune princesse, le roi Stéphane et la reine Orhiane l'ont envoyée dans la forêt pour qu'elle soit élevée par les trois bonnes fées, Flora, Pâquerette et Pimprenelle. Seize années ont passé. Et après avoir brisé la malédiction en remportant le combat contre Maléfique, Aurore et le prince Philippe vivent à présent au château. Mais pour Aurore, la maison des fées sera toujours sa seconde maison, et elle leur rend souvent visite.

À LA RECHERCHE DES BAGUETTES MAGIQUES

HISTOIRE ÉCRITE PAR ERIN FALLIGANT ET ILLUSTRÉE PAR LIAM BRAZIER

– Il y a quelqu'un ?

La princesse Aurore frappa vivement à la porte de la chaumière. Elle venait rendre visite aux trois bonnes fées, et cela faisait déjà plusieurs minutes qu'elle toquait.

La porte d'entrée s'ouvrit d'un coup. Flora sortit en trombe, à tel point que son chapeau rouge manqua de tomber par terre.

– Ouf, tu es là ! s'écria-t-elle.

Aurore posa une main réconfortante sur l'épaule de la fée.

– Flora, qu'est-ce qui ne va pas ? Il s'est passé quelque chose ?

Pimprenelle passa devant Flora en la poussant.

– Quelqu'un a volé nos baguettes, annonça-t-elle, son visage rouge de colère. Quand nous le retrouverons, je transformerai ce voleur en vieux crapaud verruqueux !

– Allons, allons, Pimprenelle, la calma Pâquerette, qui suivait de près. Je suis sûre qu'on ne nous a pas volé les baguettes.

Mais son front était plissé par l'inquiétude. Flora martelait le pavé de ses pieds.

– Nous avons cherché partout ! Qu'allons-nous faire sans notre magie ?

Pimprenelle souffla :

– Comment allons-nous nous protéger contre le mal ?

– Ou répandre le bonheur ? demanda Pâquerette.

– Comment allons-nous voler ? continua Pimprenelle, en écartant les bras. Ou nettoyer ? Ou cuisiner, même ?

AURORE EST :

Affectueuse
Joyeuse
Enjouée
Amicale
Gracieuse
Imaginative
Optimiste

SON RÊVE :

Être libre d'explorer toutes les opportunités de la vie

MOMENT HÉROÏQUE :

Ne jamais renoncer à sa croyance que les rêves se réalisent vraiment

COMPAGNONS :

Flora, Pâquerette et Pimprenelle

CITATION CÉLÈBRE :

« Si vous rêvez de quelque chose plus d'une fois, c'est sûr que votre rêve deviendra réalité. »

Le visage de Pâquerette s'illumina.

– Peut-être que je pourrais faire la cuisine, suggéra-t-elle.

– Je crois que je viens juste de perdre l'appétit, soupira Pimprenelle.

– Ne vous inquiétez pas, dit Aurore, rassemblant les fées autour d'elle. Je vais vous aider à chercher vos baguettes, et nous n'aurons pas besoin de magie pour les trouver. Vous avez déjà vécu de longues années sans votre magie, pendant que vous me protégiez de…

Maléfique. Aurore pouvait à peine prononcer le nom de la méchante fée qui lui avait jeté une malédiction il y avait bien longtemps. Pour protéger la princesse, les bonnes fées l'avaient cachée dans cette même maison et l'avaient élevée durant seize années. Pendant tout ce temps, elles avaient juré de ne pas utiliser leur magie pour éviter d'attirer l'attention sur leurs activités.

Les yeux bruns de Pâquerette se voilèrent soudainement d'émotion.

– Je m'en souviens, ma chère. C'était une époque heureuse.

– Nous avons fait toutes sortes de choses sans magie, n'est-ce pas ? Alors je sais que si nous nous y mettons ensemble maintenant, nous pourrons trouver vos baguettes.

Flora étudiait déjà un plan.

– Nous devons revenir sur nos pas ! annonça-t-elle. Quand avons-nous utilisé nos baguettes pour la dernière fois ?

Le visage de Pâquerette s'éclaircit.

– J'ai utilisé la mienne pour faire une tasse de thé après notre pique-nique !

– Oui, et j'ai utilisé la mienne pour plier la couverture du pique-nique, se rappela Pimprenelle. Nous étions assises au bord du ruisseau !

Elle se précipita vers les bois, en retroussant sa jupe bleue pendant qu'elle courait. Aurore prit les bras de Flora.

– Bien vu ! lança-t-elle à son amie la fée.

Lorsqu'elles atteignirent le ruisseau, Pimprenelle et Pâquerette étaient déjà en train de fouiller les berges herbeuses.

– Humm… Nous étions juste ici, n'est-ce pas ? demanda Pimprenelle.

Aurore se mit à genoux pour les aider à chercher. À ce moment-là, un écureuil passa en traînant une longue brindille fine. Mais quand Aurore leva les yeux, elle vit que ce n'était pas du tout une brindille. Le souffle coupé, elle le montra du doigt.

– Regardez !

– Ma baguette ! s'écria Pimprenelle. Halte ! Au voleur !

Elle poursuivit l'écureuil vers le ruisseau.

Quand l'écureuil sauta de la berge herbeuse, Pimprenelle en fit de même. Quand l'écureuil sauta sur une pierre plate au milieu du ruisseau, Pimprenelle le suivit. Mais quand l'écureuil sauta sur l'autre berge, il lâcha la baguette. Pimprenelle se précipita pour la récupérer et… *plouf ! splash !* elle tomba dans l'eau froide.

Quand la fée parvint à se relever, elle était trempée de la tête aux pieds.

– Où est ma baguette ? criait-elle, en tournant en rond. Là-bas !

L'objet tant convoité descendait le ruisseau en flottant, entraîné par le courant. Pimprenelle tentait de l'atteindre dans l'eau, tandis qu'Aurore se mettait à courir le long de la berge. Elle sauta dans l'eau, qui lui arrivait aux chevilles. Mais le courant était trop rapide ! La baguette rebondit dans un tournant du ruisseau, puis un autre, puis disparut.

Pimprenelle bafouillait en essorant sa cape mouillée.

– Satané écureuil ! Ouh… je vais…

– Allez, allez ! dit Aurore. Je suis sûre que l'écureuil avait une très bonne raison de prendre ta baguette.

– Oui, continua Pâquerette. Peut-être qu'il en avait besoin pour quelque chose.

– Peut-être pour construire un nid ? suggéra Flora qui scrutait les branches d'un arbre voisin.

Aurore suivit son regard et aperçut des brindilles qui sortaient d'un trou dans l'arbre.

– Le voilà ! s'exclama-t-elle. Bien joué, Flora ! Je parie que vos baguettes sont dans ce nid.

Pimprenelle se précipita vers l'arbre, marcha sur une souche voisine, et ôta son chapeau avant de planter sa tête dans le creux de l'arbre.

– Bonne nouvelle, Pâquerette ! cria-t-elle d'une voix étouffée. Je vois ta baguette !

– Vraiment ? demanda Pâquerette. Oh, laisse-moi voir !

Elle se précipita sur la souche à côté de Pimprenelle, mais il y avait juste assez de place pour que les deux fées puissent se tenir en équilibre sur un pied. Pâquerette regarda à son tour dans le creux de l'arbre.

– Oui, c'est bien elle ! confirma-t-elle en s'approchant.

Juste à ce moment, l'écureuil descendit en trombe le long du tronc d'arbre. Il se percha sur une branche au-dessus des deux fées et se mit à grogner comme s'il les grondait.

– Pâquerette, chuchota Pimprenelle, dépêche-toi.

– Je l'ai presque, l'informa Pâquerette. Juste un petit effort.

L'écureuil continua son grognement furieux et se rapprocha jusqu'à ce qu'il soit presque nez à nez avec Pimprenelle. Alors que la fée se penchait en arrière, son talon commença à glisser de la souche.

– Je l'ai ! cria Pâquerette, sortant sa baguette du trou.

À ce moment précis, Pimprenelle perdit l'équilibre et se raccrocha à la cape de Pâquerette pendant qu'elle vacillait. *Boum !* les deux fées tombèrent l'une sur l'autre.

– Oh, non ! s'écria Pâquerette.

Elle tenait sa baguette dans les mains, mais l'objet était plié en deux.

Lorsqu'elle essaya de jeter un sort pour la réparer, la baguette se mit à crachoter et à faire de la fumée.

– Je suis désolée, Pâquerette, murmura Aurore, avec un pincement au cœur.

– Je ne comprends pas pourquoi cet écureuil s'est énervé à ce point.

– Peut-être que nous n'aurions pas dû toucher à son nid, soupira Pâquerette en essayant de redresser sa baguette, mais sans résultat.

– Pâquerette a raison, dit doucement Aurore. Nous n'aimerions pas que quelqu'un vienne tout secouer dans notre maison, n'est-ce pas ?

– Effectivement, je crois bien que nous n'aimerions pas ça, approuva Flora en secouant la tête.

Aurore aida les fées à se relever, tout en ôtant feuilles et brindilles des cheveux de Pâquerette. Mais alors qu'elle démêlait la dernière brindille, elle réalisa que ce n'en était pas du tout une : c'était la troisième baguette !

– Elle a dû s'emmêler dans les cheveux de Pâquerette quand elle essayait de sortir sa propre baguette du nid ! réfléchit Aurore, en tendant la baguette à Flora.

Avant que Flora ne puisse la prendre, l'écureuil dévala le tronc de l'arbre, saisit la baguette et sauta par terre. Puis il disparut dans un bosquet.

– Suivez l'écureuil ! ordonna Pimprenelle qui partit à travers les buissons.

– Ne l'effraie pas ! s'écria Pâquerette qui la suivait de près.

Aurore et les fées coururent après le fugitif. Mais les buissons étaient denses, et l'écureuil pouvait se faufiler très vite en dessous et à travers des branchages. Bientôt, elles ne purent plus que l'entendre.

– Nous l'avons perdu, soupira Flora. Nous allons avoir besoin d'un nouveau plan.

Elle enleva quelques feuilles de sa cape et s'assit sur un tronc d'arbre. Pimprenelle se planta à côté d'elle, frissonnant dans ses vêtements encore humides.

– Tu es trempée, Pimprenelle ! Laisse-moi te préparer une bonne tasse de thé bien chaud, dit Pâquerette en levant sa baguette pour faire de la magie. Oh, non, j'avais oublié…, soupira-t-elle en regardant sa baguette tristement.

– Ne perdez pas espoir ! lança Aurore à ses amies.

Mais comment trouveraient-elles l'écureuil après le crépuscule ?

Wou-Hou ! Wou-Hou ! Elles entendirent soudain le hululement familier d'une chouette.

Aurore sursauta et porta une main à son cœur.

– Oh, Chouette, tu m'as fait peur ! As-tu vu par hasard un écureuil portant une brindille très, euh, inhabituelle ?

La chouette la regarda avec des yeux ronds et sages. *Quiii ? Quiiii ?*

Pimprenelle se leva, les mains sur les hanches.

– Un voleur très énervant, voilà qui a fait ça !

En réponse, la chouette battit des ailes et prit son envol. *Wou-Hou !*

– Je crois qu'elle veut que nous la suivions ! s'exclama Aurore.

Elles s'engagèrent alors à sa suite à travers la forêt, en contournant les arbres et en enjambant les troncs à terre.

Aurore examinait la forêt sombre à la recherche de l'écureuil. Le vent commençait à se lever, les branches grinçaient et gémissaient. Elle avait la chair de poule.

– J'espère que nous allons dans la bonne direction, murmura-t-elle. Chouette sait où nous sommes, n'est-ce pas, Chouette ?

L'oiseau piqua du nez, comme pour les rassurer sur le fait qu'elles étaient sur le bon chemin. Mais la piste commençait à rétrécir ; Pimprenelle s'arrêta et recula d'un pas. Elle ne put articuler qu'un seul mot :

– Épines !

– Où ? demanda Aurore.

Comme en réponse, les nuages se séparèrent dans le ciel nocturne. La lune jeta une mystérieuse lueur sur un tas de branches tordues enchevêtrées couvertes d'épines. Pimprenelle retint sa respiration.

– On dirait l'œuvre de…

Quiiiii fit la chouette au-dessus de leurs têtes.

– Maléfique ! cracha Pimprenelle.

Aurore sentit son sang se glacer dans ses veines. Elle avait entendu parler du mur d'épines, un piège que Maléfique avait tendu au prince Philippe. La fée noire avait essayé d'empêcher le prince d'atteindre Aurore et de briser la malédiction qui pesait sur elle.

Alors qu'Aurore fixait la bruyère, les épines semblaient se tordre et s'enchevêtrer sous ses yeux.

– Mais cette malédiction a été brisée, chuchota-t-elle. Ces épines ont brûlé dans le brasier. N'est-ce pas ?

– C'est vrai, ma chère, répondit Pâquerette en tournant son regard vers Flora. Elles ont bien toutes brûlé, n'est-ce pas ?

Flora n'en avait pas l'air si sûre.

– Je crois qu'il vaut mieux éviter la bruyère. La magie noire de Maléfique peut encore se trouver dans ces épines. Elles pourraient être empoisonnées ou contenir une malédiction.

Aurore sentit un frisson lui parcourir le dos. Alors qu'un nuage passait devant la lune, les épines prirent une lueur verdâtre. Flora avait-elle raison ? Ces branches épineuses étaient-elles couvertes de la magie noire de Maléfique ? Elle frissonna et se détourna. Puis elle entendit quelque chose. *Criiiiii ! Clac-clac-clac Criiiiii !*

Aurore tourna sur elle-même et scruta la bruyère. Le son venait des branches en haut, où elle aperçut un écureuil apeuré. La baguette dans sa bouche, il frémissait et tremblait.

– C'est notre écureuil ! cria Aurore.

– Avec la baguette de Flora ! ajouta Pimprenelle en s'élançant vers les buissons épineux.

– On ne peut pas entrer là-dedans ! la retint Flora en agrippant sa cape. Tu connais les règles de la magie. Les bonnes fées ne peuvent jamais mettre les pieds là où il y a de la magie noire.

– Mais l'écureuil a l'air coincé ! dit Pâquerette. Et si Maléfique lui avait jeté un sort ? Nous devons aider ce pauvre petit.

– Oh, quelles dents pointues tu as ! remarqua Aurore. Peux-tu ronger quelques branches de plus ? Peut-être qu'ensemble, nous pourrions atteindre la baguette.

Criiiic ! L'écureuil sauta de son épaule et se mit à ronger les ronces. Aurore tendit son bras à travers le buisson aussi loin qu'elle le pouvait. Elle parvint finalement à toucher la baguette du bout des doigts.

Elle entendit soudain le crépitement de brindilles et de branches. Les épines épaisses et noueuses commencèrent à se flétrir et à rétrécir, et la brume verte devint grise. À présent que la baguette de la bonne fée était entre de bonnes mains, le mal qui recouvrait les épines disparaissait. Aurore poussa un soupir de soulagement en se levant.

Son nouvel ami perché sur son épaule, elle se fraya un chemin pour sortir du champ d'épines et brandit sa baguette devant Flora.

– Bravo, chère fille ! applaudit Flora. Merci !

– Oh, j'adore les histoires qui se terminent bien ! déclara Pâquerette en enveloppant Aurore dans une étreinte serrée.

Même Pimprenelle se frotta les yeux. Puis elle s'éclaircit la gorge.

– Bon, maintenant, revenons à nos moutons. Nous n'avons toujours qu'une baguette, pas trois.

Elle montra du doigt la baguette cassée de Pâquerette.

– Oh ! comprit Flora. Bien sûr !

Elle agita sa baguette et, dans une pluie d'étincelles, répara celle de Pâquerette.

– Nous retrouverons la tienne aussi, Pimprenelle, dès que nous aurons atteint le ruisseau.

– Merci ! dit Pâquerette, en admirant sa baguette brillante. Elle est comme neuve. Et même encore mieux, il me semble.

Alors que la chouette les conduisait à la lisière de la forêt, Flora éclairait leur chemin avec sa baguette. Pâquerette admirait la sienne, flambant neuve, et Pimprenelle ne lâchait pas le ruisseau des yeux.

Lorsqu'elles atteignirent le ruisseau, Flora envoya une traînée de magie étincelante dans l'eau. Elle revint quelques instants plus tard, transportant quelque chose.

– Ma baguette ! s'écria Pimprenelle.

L'écureuil sur l'épaule d'Aurore couina et essaya de s'en emparer juste quand elle passait devant lui.

– Non ! Ne fais pas ça ! gronda Pimprenelle.

Elle attrapa sa baguette juste à temps. Aurore rit.

– Il est temps de te ramener à la maison, dit-elle à l'écureuil, en le soulevant vers le trou dans l'arbre.

Il lui fit un câlin avant de s'élancer dans son nid. Du coin de l'œil, Aurore vit Pimprenelle lancer un tour de magie rapide. Un tourbillon de plumes valsa dans l'air, et plongea dans le nid de l'écureuil.

– À quoi servent les plumes ? demanda Pâquerette.

Pimprenelle haussa les épaules.

– Peut-être que si son nid est un peu plus confortable, cet écureuil sournois n'essaiera plus de voler nos baguettes !

– Pimprenelle, chuchota Aurore, tu te soucies de l'écureuil, finalement.

– Pff…, répondit la fée.

D'un coup de baguette magique, elle se fit pousser des ailes et s'éleva au-dessus du sol, en souriant juste un peu.

– Je suis si heureuse que nous ayons trouvé les trois baguettes, lança Pâquerette alors qu'elles redescendaient dans le sentier.

– Oui, on a réussi ! se réjouit Aurore. Et nous avons juste eu besoin de nos forces spéciales !

– Nos forces spéciales ? interrogea Flora.

– Eh bien, oui ! reprit Aurore. Flora, tu es très sage. Tu es venue ici avec un plan pour trouver les baguettes. Tout ce que tu avais besoin de faire était de revenir sur tes pas.

Flora rougit un peu.

– Et Pimprenelle, poursuivit Aurore, tu as été très courageuse. Si tu n'avais pas chassé cet écureuil, nous n'aurions jamais trouvé son nid !

La bouche de Pimprenelle esquissa un sourire.

– Et toi, Pâquerette, conclut Aurore, tu es si bonne. Si tu n'avais pas été aussi déterminée à aider l'écureuil, nous n'aurions jamais pu récupérer la dernière baguette. Tu répands de la bonté partout où tu passes.

– Euh, j'essaie, ma chère, dit Pâquerette en se frottant les yeux.

– Alors, vous voyez ? reprit Aurore. Tout ce dont nous avions besoin était la sagesse de Flora, le courage de Pimprenelle et la bonté de Pâquerette.

Flora se retourna vers elle et sourit.

– Quelqu'un d'autre a fait preuve d'une grande sagesse, de courage et de gentillesse ce soir aussi…

Quiiiii fit la chouette au-dessus de leurs têtes.

– Toi ! s'écrièrent les trois fées en même temps.

Les joues d'Aurore s'illuminèrent de fierté et de bonheur.

– Eh bien, j'ai eu un peu d'aide de mes amis de la forêt.

Elle se retourna vers le nid de l'écureuil et salua la chouette qui se trouvait au-dessus. Pendant un instant, elle crut voir une lueur verte dans les buissons voisins. Mais ce n'était qu'une luciole.

– La magie noire de Maléfique a disparu, se rappelle-t-elle. Je suis en sécurité maintenant, et les fées aussi.

Elle se retourna pour suivre les trois bonnes fées qui s'élancèrent le long du sentier devant elle, en direction de la maison.

FIN

ARIEL

Ariel, la fille cadette du roi Triton, aime la musique, l'imprévu et surtout le monde des humains. Elle est farouchement indépendante. La petite sirène ne peut s'empêcher de s'aventurer à la surface de l'océan malgré l'interdiction de son père. L'impétuosité d'Ariel l'entraîne dans un voyage à la découverte d'elle-même grâce auquel elle devient une jeune femme courageuse qui découvre sa place dans le monde.

L'ÉCLAT DE MER

HISTOIRE ÉCRITE PAR ERIC GERON
ET ILLUSTRÉE PAR NICOLETTA BALDARI

Ariel échoua sur une crête de corail en essayant de battre des nageoires aussi vite qu'elle le pouvait. Elle était en retard pour la répétition du concert – encore une fois. Ses sœurs allaient être furieuses – encore une fois !

Elle nageait vite, ses longs cheveux roux flottant derrière elle. Bien qu'il fasse nuit, le palais brillait devant elle, d'un doré éclatant, comme illuminé par le soleil.

Elle entendit ses sœurs avant de les voir. Leur chant parvenait à ses oreilles en traversant l'eau. Elle suivit le doux son jusque dans la salle de concert – une salle avec de grands arcs et des rangées de bancs. Les sirènes étaient alignées sur la scène, chacune avec une queue de couleur différente. Lorsqu'elles l'aperçurent, leur chant s'arrêta brusquement.

– Regardez qui a décidé de se montrer, lança Attina, la sœur aînée, en fixant Ariel. Qu'est-ce qui t'arrive ces derniers temps ?

Les autres sœurs se tenaient les bras croisés en signe de réprobation.

– Je suis désolée, je…

Ariel fit une pause. Elle n'allait sûrement pas dire la vérité à ses sœurs : qu'elle avait été distraite depuis la nuit précédente où elle avait sauvé un marin humain de la noyade. Elle haussa les épaules.

– J'ai oublié, c'est tout, abrégea-t-elle.

Attina fronça les sourcils.

– Tu as oublié ? Encore ? Espérons que tu ne manqueras pas ce concert aussi.

ARIEL EST :

Têtue
Curieuse
Esprit libre
Inspirée
Non conventionnelle
Volontaire

SON RÊVE :

Faire partie du monde des humains

MOMENT HÉROÏQUE :

Sauver un humain de la noyade

COMPAGNON :

Polochon

CITATION CÉLÈBRE :

« As-tu jamais rien vu d'aussi magnifique de toute ta vie ? »

Ariel grimaça en se souvenant qu'elle avait complètement raté leur dernier spectacle. Ses sœurs avaient été humiliées et son père lui avait reproché son « comportement négligent ».

– Tu dois arriver *à l'heure*, ma chère, poursuivit Attina.

– Oui, s'interposa Alana. Notre concert a lieu ce soir. Est-ce que tu as appris ton rôle, au moins ?

– Je… je le connais, murmura Ariel, mais sa voix tremblante n'était pas très convaincante.

– Super ! sourit Attina, sarcastique. Alors, reprenons tout depuis le début, mes sœurs !

Les sirènes reprirent leur chanson. Ariel laissa les notes couler de sa bouche, claires comme un son de clochette, mais ses sœurs se turent pendant qu'elle chantait. Elles l'entourèrent en fronçant les sourcils.

– Quoi ? laissa échapper Ariel dans un rire nerveux. Est-ce que… je… chantais faux ?

– Ariel, tu es censée chanter en harmonie avec nous, fit remarquer

Attina. Ton solo arrive plus tôt dans la chanson, ce que tu saurais si tu n'étais pas toujours dans les nuages pendant les répétitions.

– S'il te plaît, Attina, supplia-t-elle, laisse-moi essayer encore.

– Laisse tomber, Ariel, lâcha sa sœur. Notre concert est dans quelques heures.

– Mais peut-être que si je ne chantais que mon solo…, tenta Ariel.

– Alors, non seulement tu es en retard, mais en plus tu as ton mot à dire sur notre spectacle ? gloussa Attina.

Arista et Aquata ricanèrent, tandis qu'Andrina, Adella et Alana détournèrent les yeux.

Ariel refoula ses larmes.

– Bien. Je ne m'en mêlerai pas, souffla-t-elle en partant à la nage.

– Ariel, pas si vite ! cria Adella.

– Oui ! Pardon !

Ariel se demanda si elle devait faire demi-tour, jusqu'à ce qu'elle entende Attina déclarer :

– Voilà qu'Ariel se comporte à nouveau comme un bébé. Allez, les filles. On n'a pas besoin d'elle.

Les poings crispés, Ariel s'éloigna de la salle de concert dans un torrent de bulles de colère. Elle était frustrée d'avoir laissé tomber ses sœurs, mais elle savait qu'elle pouvait prouver qu'elle avait l'esprit d'équipe – si seulement elles voulaient bien la laisser faire.

– Ariel ! appela son meilleur ami, Polochon, un poisson jaune avec des rayures bleues sur les nageoires et la queue. Hé, qu'est-ce qui ne va pas, Ariel ?

– C'est à cause de mes sœurs, renifla-t-elle. Elles ne veulent pas que je chante avec elles.

– A-attends-moi ! l'appela Polochon.

L'eau était de plus en plus sombre et froide. Avant qu'Ariel ne s'en rende compte, ils étaient au fond de l'océan, une partie déserte des fonds marins avec du corail blanchâtre et de grands brins d'herbe noire.

Cela ne pouvait pas être les « profondeurs de la mer » dont Zeek avait parlé. Il restait peu d'endroits en Atlantica qu'elle n'avait pas encore explorés, y compris le repaire de la méchante sorcière des mers dont elle avait tant entendu parler, mais elle était déjà descendue souvent dans cette partie de l'océan. Il n'y avait là rien de nouveau ni d'incroyable.

Mais elle vit alors les tritons se glisser dans une crevasse sombre au fond de l'océan. Elle les suivit en se tordant pour entrer dans la fissure. À l'intérieur, elle put voir une tranchée qui menait vers le bas.

– Ariel, je ne veux pas avoir l'air grincheux, mais j'ai un mauvais pressentiment, l'avertit Polochon.

Mais Ariel se sentait totalement excitée à l'idée de partir à la découverte d'un nouvel endroit. Elle fit gonfler ses nageoires, avide d'explorer l'inconnu.

– Allez, Polochon. Il n'y a rien à craindre.

Mais tout à coup, une énorme créature marine rougeoyante surgit de l'obscurité.

– UN MONSTRE ! s'écria Polochon. ON VA MOURIR !

Ariel s'écarta de son passage en un tourbillon et se cogna contre le mur de la crevasse. Alors que Polochon venait de prendre refuge dans ses cheveux, elle reprit son souffle et toisa du regard l'horrible bête.

Elle avait de longs tentacules comme un affreux calmar géant et de grands yeux brillants qui les fixaient depuis le haut. La créature flottait sur

– Restez en arrière, ordonna Zeek en lançant un morceau de corail badigeonné avec du Grand Brillant au loin de toutes ses forces.

– Le calmar va suivre le leurre, dit l'un des tritons. Ça marche à tous les coups !

Ariel retint sa respiration tandis que le calmar s'arrêtait et regardait le corail passer à la dérive.

Mais le calmar s'en empara et le brisa en deux avec son bec ! Il continua à se précipiter vers eux, en poussant des cris affamés alors qu'il s'approchait.

– Ça n'a pas marché ! cria Ariel. Et maintenant, qu'est-ce qu'on fait ?

– Écran lumineux ! ordonna Zeek à ses amis, qui vidèrent leurs sacoches pour que l'éclat de mer se répande dans un nuage de lumière. Ça va sûrement le distraire. Nageons !

Les tritons firent demi-tour tandis que le monstrueux calmar se perdait dans le tourbillon brillant. Ils s'arrêtèrent finalement à l'intérieur d'une grotte, et se mirent à chercher une issue le long des murs, mais aucune sortie n'était possible. Zeek tournait sur lui-même.

– C'est un cul-de-sac !

– Qu'est-ce qu'on va faire ? gémit Polochon.

– J'ai une idée ! lança Ariel. Utilisons ce que nous avons !

En se rappelant comment les crevettes s'étaient rassemblées pour former un monstre effrayant, elle entoura rapidement les tritons et les disposa pour créer la forme d'un grand requin scintillant. Leurs nageoires lumineuses formaient ses dents irrégulières.

Le calmar surgit à l'entrée de la grotte.

Polochon, qui jouait le rôle de l'œil du requin, gémit :

– Ariel, je-n-ne crois pas que ça marchera !

Le calmar déploya ses énormes tentacules mortels et ouvrit son bec aiguisé, prêt à tous les avaler d'un coup.

– Faites bouger vos nageoires et ne vous arrêtez pas ! ordonna Ariel à tous les tritons.

Ils firent ce qu'elle leur dit, comme si leur requin ouvrait grand sa gueule et mâchait avec ses énormes dents. Le calmar recula en poussant un cri, puis prit subitement la fuite. Ensemble, Ariel et ses amis l'avaient effrayé. Son idée avait fonctionné !

– Très bon réflexe ! dit l'un des tritons à Ariel.

– Tu nous as sauvé les nageoires ! s'exclama un autre.

– Du bon travail de groupe ! répondit-elle en regrettant que ses sœurs n'aient pas été là pour voir comme elle avait bien travaillé en équipe.

– Tu es vraiment douée pour le spectacle, Ariel ! carillonna Polochon.

– Oh ! le concert avec mes sœurs ! Je dois y aller ! se rappela soudain Ariel.

Zeek brandit sa sacoche vers Ariel.

– S'il te plaît, accepte ce cadeau d'adieu.

Elle regarda à l'intérieur : il y avait encore beaucoup de Grand Brillant.

– Merci, Zeek ! Mais tu n'en as pas besoin pour continuer votre route dans les profondeurs de la mer ?

– L'efflorescence d'algues est toujours là-haut, répondit-il. Nous pouvons aller en chercher d'autre. Il est plus important de partager avec quelqu'un qui nous a aidés.

Ariel rougit.

– Ça a été merveilleux de faire votre connaissance. J'espère que nos courants se croiseront à nouveau un jour !

Alors que les autres tritons lui disaient au revoir, Ariel et Polochon prirent le chemin de la maison.

L'eau autour du palais frémissait d'un brouhaha de voix excitées. Le concert était sur le point de commencer. Ariel trouva ses sœurs en train de se maquiller devant les miroirs de la loge.

– Regardez ce que le poisson-chat a ramené, ricana Attina. Encore en retard, à ce que je vois.

Arista passa un peigne-coquillage dans ses cheveux.

– Au moins, cette fois-ci, elle ne nous a pas laissées tomber purement et simplement!

– Je n'arrive pas à imaginer ce qui pouvait être plus important que la répétition d'hier, se moqua Aquata.

Ariel s'éclaircit la gorge.

– Je… Je voudrais vous dire quelque chose, à vous toutes.

– Ça a l'air intéressant, renifla Attina.

– Je suis désolée d'être en retard et de vous avoir négligées, dit Ariel. Et je vous promets qu'aujourd'hui je chanterai en harmonie pour que nous brillions toutes à l'unisson. Je comprendrais si vous pensiez que je suis trop en retard et si vous ne vouliez pas que je chante avec vous, poursuivit Ariel, mais même si je ne me joins pas à vous ce soir, je voulais vous donner cela.

Elle ouvrit la sacoche et montra l'éclat de mer. Attina regarda attentivement à l'intérieur.

– Eh… qu'est-ce que c'est que cette boue brillante?

– Du Grand Brillant.

Ariel en appliqua une fine couche sur ses lèvres, ses paupières et ses cheveux. Ses sœurs l'examinèrent avec curiosité. Lorsque Ariel claqua des doigts, un grand nuage de petites crevettes entrèrent dans la pièce, se rassemblèrent autour des lampadaires de la loge et la plongèrent dans l'obscurité : exactement ce qu'Ariel leur avait demandé de faire.

Les sœurs sursautèrent.

– Ariel, tu brilles dans le noir ! observa Aquata.

– Je suis impressionnée, admit Attina. Où tu as eu ce machin ?

– Ce n'est pas important, n'est-ce pas ? se moqua Ariel. Je savais que vous aimeriez.

Attina passa une main sur l'épaule d'Ariel.

– C'est toi que nous aimons. Et nous avons besoin de toi. Pas vrai, les filles ?

Un peu plus tard, les filles du roi Triton entrèrent se cacher dans leurs coquilles sous la scène de la salle de concert bondée.

Après la fanfare du poisson-trompette, et après que le crabe Sébastien eut donné le signal à l'orchestre, le roi Triton leva son trident pour qu'on éteigne toutes les lumières de la scène, comme Ariel le lui avait demandé.

Soudain, la salle de concert fut plongée dans le noir, comme les profondeurs de l'océan. Des murmures parcoururent le public. L'orchestre se mit à jouer de plus en plus fort pendant que les coquilles brillantes montaient sur scène. Une par une, chaque coquille s'ouvrit pour dévoiler une sirène dont la queue et les cheveux étaient

recouverts de brillantes mèches recouvertes d'éclat de mer. La dernière à apparaître fut Ariel, éclatante en vert et en violet alors qu'elle laissait échapper ses notes de solo dans un filet de bulles.

Puis la jeune sirène laissa sa voix se joindre à celle de ses sœurs, en harmonie alors qu'elles nageaient pour se rejoindre et former un arc-en-ciel éclatant.

Lorsque les sœurs arrivèrent à la fin de leur concert, les crevettes scintillantes flottèrent juste au bon moment pour illuminer l'eau autour d'elles comme la lumière des étoiles. La foule éclata de joie et applaudit comme jamais les sœurs ne l'avaient vue faire.

Le concert s'était déroulé à merveille. C'était un spectacle qu'Ariel n'oublierait jamais.

– Ariel, nous n'aurions pas pu briller sur scène sans toi ! la remercia Attina en lui serrant la main.

– Je te promets que je ne vous laisserai plus jamais tomber, souffla Ariel. Et à partir de maintenant, on brillera toutes ensemble !

Ariel et ses sœurs se rassemblèrent alors dans une grande étreinte.

FIN

LA REINE DES NEIGES

ELSA

Elsa est née avec un don particulier : le pouvoir de créer de la neige et de la glace.

Comme sa magie lui donnait la sensation d'être une étrangère au royaume d'Arendelle, elle s'est efforcée de comprendre comment l'utiliser pour aider les autres. Puis elle s'est réconciliée avec elle-même et son pouvoir. Elsa vit maintenant dans la Forêt Enchantée, où elle a rejoint les Esprits de la Terre, du Feu, de l'Eau et du Vent en tant que Reine des Neiges.

LA FORÊT MALHEUREUSE

HISTOIRE ÉCRITE PAR SUZANNE FRANCIS
ET ILLUSTRÉE PAR NATHANNA ÉRICA

Elsa s'arrêta sur le chemin de la Forêt et ferma les yeux pour écouter. Le ruisseau s'écoulait sur les pierres lisses. Les griffes d'un écureuil voisin cliquetèrent alors qu'il escaladait à toute vitesse l'écorce rugueuse d'un arbre à la recherche d'un gland. Un chœur d'oiseaux gazouillait bruyamment. Mais Elsa n'entendit pas celui qu'elle espérait : Bruni, l'Esprit du Feu.

– Heu…, commença Elsa, je me demande où peut bien être Bruni. Tu ne le saurais pas, Courant d'Air, par hasard ?

L'Esprit du Vent, invisible, tourbillonna et enveloppa Elsa par deux fois, puis reprit de la hauteur à la recherche de Bruni. Elsa le regarda bruisser doucement à travers les branches arquées d'un grand arbre.

Des feuilles brunes et sèches planaient vers le sol tandis que l'Esprit du Vent s'infiltrait et s'éloignait, essayant de trouver la cachette de Bruni. Puis il souffla sur un chêne à terre, en faisant grincer et gémir les branches de l'arbre. Il abandonna finalement puis retourna vers le sol de la Forêt, formant une minuscule tornade de poussière.

– Aucun signe ? demanda Elsa.

Courant d'Air se précipita sur Elsa et entoura ses mains avec insistance.

– Bonne idée, murmura Elsa. Nous devrions faire un peu de neige, continua-t-elle en levant la voix pour s'assurer que Bruni l'entendait.

Elsa savait que Bruni ne pouvait pas résister à la neige. Elle sourit et agita les mains, faisant appel à sa magie glaciale.

ELSA EST :

Confiante
Courageuse
Chaleureuse
Gracieuse
Puissante
Créative
Protectrice

SON RÊVE :

Assurer la sécurité de sa famille

MOMENT HÉROÏQUE :

Sauver le royaume d'Arendelle d'une inondation

COMPAGNONS :

Bruni, l'Esprit du Feu
Le Nokk, L'Esprit de l'Eau
Olaf

CITATION CÉLÈBRE :

« Je n'avais pas idée de ce dont j'étais capable. »

– Je vais en fabriquer un petit tas.

Les grands yeux de l'Esprit du Feu regardaient depuis l'endroit où Bruni s'était caché, dans une bûche creuse recouverte de mousse. Il observa Elsa créer le petit monticule de neige blanche et pelucheuse.

Au bout d'un moment, Bruni sortit de la bûche et sauta dans le tas de neige. Courant d'Air se mit à tourbillonner joyeusement.

– Je t'ai trouvé ! dit Elsa en riant.

Elle s'amusa à regarder la petite salamandre fougueuse rouler dans la neige, elle avait vraiment l'air d'apprécier sa fraîcheur. Elsa saupoudra quelques flocons de neige dans l'air, que Bruni lécha.

Elsa remarqua soudain que quelque chose dans l'air avait brusquement changé. Elle se figea sur place alors qu'un sentiment de malaise la saisissait. Bruni lui semblait effrayé. Elle pouvait sentir que l'Esprit du Feu, lui aussi, était mal à l'aise.

– Quelque chose ne va pas, constata-t-elle en approchant sa main du sol.

Bruni se précipita dans la paume d'Elsa, et elle le souleva jusqu'à son visage.

– Qu'est-ce qu'il y a ? demanda-t-elle.

Le dos de Bruni s'enflamma, et Elsa créa rapidement une petite rafale pour essayer de détendre l'Esprit.

– Ne t'inquiète pas, nous allons essayer de comprendre. Nous devons juste rester calmes.

Courant d'Air se mit à souffler anxieusement : l'Esprit du Vent aussi ressentait l'étrangeté de la situation.

Alors, le Nokk sortit du ruisseau et apparut à leurs côtés sous la forme d'un cheval. L'Esprit de l'Eau secoua sa crinière et martela de ses sabots le sol de la Forêt, prêt à affronter ce qui semblait approcher.

Elsa appuya son front contre le museau de l'Esprit qui sembla se détendre un peu. Son toucher transforma son corps fait d'eau en glace et elle put grimper sur son dos.

– Allons découvrir ce qui se passe, lança-t-elle aux Esprits.

Courant d'Air suivit et Bruni s'assit sur le bras d'Elsa alors qu'elle chevauchait le Nokk à travers la Forêt.

Ils commencèrent par vérifier si toutes les créatures de la Forêt allaient bien tout en poursuivant leur chemin. Des faucons s'élevaient dans le ciel, des castors dévoraient les troncs d'arbres et quelques rennes passaient en trottant. Ils entendaient de temps en temps les pics-verts marteler l'écorce des arbres à la recherche d'insectes.

Les Esprits s'arrêtèrent dans un champ et regardèrent quelques renardeaux se débattre dans les hautes herbes brunes.

– Tout le monde semble heureux, constata Elsa. Pourtant, quelque chose ne va pas.

– S'il vous plaît, dit Elsa, en posant ses mains sur son cœur en signe de paix. Nous ne voulions pas vous faire peur, mais nous devons vous parler. Il se passe quelque chose dans la Forêt et nous pensons que vous savez peut-être de quoi il s'agit.

C'est alors qu'apparut Olaf, qui avait finalement réussi à rattraper son retard.

– Waouh, vous êtes vraiment rapides, les amis, lança-t-il, essoufflé.

– C'est un bonhomme de neige qui parle ? murmura l'homme, apeuré.

– On dirait, oui, répliqua la femme.

– Oh, salut ! dit Olaf. Je m'appelle Olaf et j'aime les câlins qui tiennent chaud au cœur.

Les étrangers sourirent maladroitement, ne sachant pas trop comment réagir.

– Pourquoi ne vous asseyez-vous pas ? proposa Elsa.

Elle agita les bras, et les deux regardèrent, stupéfaits, pendant qu'elle créait un banc en glace. Ils s'assirent prudemment.

– Merci, commença la femme. Je m'appelle Reina. Et voici Magnus.

– Bonjour, salua Magnus, en faisant un signe timide.

Elsa sourit et se présenta, puis nomma Bruni et Courant d'Air.

– Pouvez-vous nous aider à comprendre pourquoi vous êtes ici ? demanda-t-elle.

– Maintenant que la malédiction est levée, nous sommes venus explorer la Forêt, expliqua Magnus.

Elsa acquiesça de la tête. Jusqu'à récemment, un brouillard impénétrable enveloppait la Forêt et empêchait quiconque d'y entrer et d'en sortir depuis plus de trente ans.

– Nous étions heureux de pouvoir enfin entrer et la voir, poursuivit Reina. Et c'est encore plus beau que ce que nous avions imaginé.

Elsa sourit à nouveau :

– Nous sommes heureux que vous soyez là pour en profiter, mais nous devons savoir ce qui ne tourne pas rond.

Courant d'Air s'enroula en tornade à côté de la charrette et souleva la couverture. Magnus essaya maladroitement de la baisser. Elsa regarda la charrette avec curiosité.

– Nous aimons fouiner, expliqua Reina avec un rire nerveux. Nous ramassions juste quelques glands…

Courant d'Air souffla pour faire sauter le couvercle de la charrette, révélant un énorme tas de glands. L'Esprit du Vent tourbillonna autour de la charrette, tout excité.

Bruni se précipita au sommet du tas, puis regarda Elsa avec de grands yeux. Elsa sut immédiatement qu'ils avaient découvert la source du déséquilibre que les Esprits avaient ressenti.

– Nous avons pensé que ces glands pouvaient avoir un peu de magie en eux, lança Magnus. Parce qu'ils étaient dans une Forêt Enchantée…

– Nous ne voulions pas causer de problèmes, ajouta Reina. Nous aimerions faire pousser notre propre Forêt Enchantée.

Elsa expliqua gentiment que la Forêt dépendait des choses qu'elle produisait pour rester en équilibre.

– Si on en prend trop, les êtres vivants ici peuvent souffrir, ajouta-t-elle. Les écureuils, par exemple, comptent sur ces glands pour les aider à survivre pendant l'hiver. Ils passent tout l'automne à les ramasser pour avoir quelque chose à manger pendant les mois les plus froids. Et il me semble que nous en connaissons au moins quelques-uns qui aujourd'hui étaient désespérément à la recherche de nourriture, conclut-elle en se tournant vers Olaf.

– Agnès essayait de manger mon nez ? s'exclama Olaf en attrapant sa carotte pour être sûr qu'elle était bien encore bien.

– Vous ne vous en rendez peut-être pas compte, mais la Forêt a des sentiments, dit Elsa à Magnus et Reina. En ce moment, les glands que vous avez ramassés lui manquent. Voilà pourquoi nous avions cette sensation, expliqua-t-elle en se tournant vers les Esprits. Nous savions que la Forêt était triste.

– Nous sommes vraiment désolés, lâcha Magnus.

Reina acquiesça de la tête. Olaf prit un gland.

– Mais vous avez raison sur une chose : ces glands ont vraiment quelque chose de magique en eux, continua Elsa.

– Je le savais ! cria Magnus.

Elsa fit un geste vers les feuilles qui flottaient sur les branches de l'arbre.

– Tout ce qui vient de la nature est magique, expliqua-t-elle.

Magnus et Reina avaient l'air confus.

– C'est la vérité. Un gland aussi minuscule est capable de produire ça ! dit Olaf en montrant du doigt un grand chêne tout près. Si ce n'est pas de la magie, alors, je ne sais pas ce que c'est.

– Et c'est le bonhomme de neige qui parle qui le dit, enchaîna Reina avec un sourire.

Ils regardèrent tous l'arbre et l'admirèrent un moment en silence. Le soleil d'été le faisait briller d'une lumière argentée.

Courant d'Air soufflait doucement sur les feuilles et les branches, les faisant danser et se balancer.

– Nous avons trouvé les glands dans plusieurs recoins de la Forêt, se rappela Reina. Si on pouvait les remettre à leur place, est-ce que ça rétablirait l'équilibre ? Est-ce que la Forêt serait à nouveau heureuse ?

Elsa acquiesça de la tête.

– Eh bien, dit Magnus en s'adressant à Reina, nous pouvons revenir sur nos pas et les remettre tous. Je parie que nous pouvons le faire avant que la nuit ne tombe.

– Faisons-le ensemble, suggéra Elsa.

Reina et Magnus prirent la tête du groupe en se frayant un chemin à travers la Forêt pour remettre des poignées entières de glands dans les creux des arbres et sur les tas de feuilles.

Olaf les aida en tenant son nez pour le protéger, tout en jetant les glands aux écureuils affamés qui dévalaient les troncs des arbres.

Lorsque le groupe atteignit la rive, le Nokk apparut au-dessus des eaux de la rivière. Elsa salua l'Esprit de l'Eau et le présenta à Magnus et Reina. Elle caressa sa crinière aqueuse et sentit que le Nokk était détendu et heureux à présent que l'équilibre était rétabli.

L'Esprit de l'Eau les rejoignit alors qu'ils replaçaient quelques tas de glands supplémentaires dans des endroits cachés le long de la rivière.

Le soleil commença à se coucher, juste au moment où la charrette était enfin vide.

Elsa posa un doigt sur ses lèvres.

– Chut, murmura-t-elle. Regardez : les Géants de la Terre se réveillent juste de leur sieste.

Une paire d'énormes narines sortit de la surface de la rivière en envoyant de l'air à travers l'eau, ce qui la fit onduler. Reina et Magnus regardèrent, stupéfaits, l'un des Géants ouvrir les yeux et les fixer.

Alors que le Géant de la Terre sortait lentement de l'eau, Courant d'Air soufflait et tourbillonnait autour de son corps. Le Géant ouvrit son poing pour révéler trois pierres lisses dans sa paume.

Bruni gambada sur sa main, puis leva les yeux sur le groupe.

ANNA

Le plus grand don d'Anna est sa capacité à établir un lien avec toutes les personnes qu'elle rencontre. Malgré une enfance solitaire, Anna est restée attentionnée et optimiste, c'est une souveraine qui laisse parler son cœur et reste fidèle à ses convictions. Qu'elle se lie d'amitié avec un bonhomme de neige qui parle ou qu'elle défende sa sœur incomprise, Anna cherche toujours le meilleur en chaque personne. Récemment couronnée reine d'Arendelle, Anna est impatiente de rendre tout ce qu'elle a reçu aux habitants du royaume.

UNE REINE COMME AVANT

HISTOIRE ÉCRITE PAR SUZANNE FRANCIS
ET ILLUSTRÉE PAR ALINA CHAU

La reine Anna d'Arendelle poussa son vélo devant le château et respira l'air frais qui sentait bon les fleurs de pivoine et l'herbe fraîchement coupée. L'été était arrivé, et tout le prouvait. Le ciel était grand et bleu, et un soleil éclatant illuminait le chemin pour de longues journées chaudes et pleines de plaisirs dans les fjords.

Depuis qu'elle avait été couronnée reine, ses obligations royales l'occupaient tellement qu'elle n'avait guère eu le temps de s'adonner à ses activités de plein air préférées. Mais aujourd'hui, elle avait fait en sorte de garder son emploi du temps libre pour pouvoir aller au marché avec Olaf.

– Bonjour, Olaf, lança Anna en voyant son ami le bonhomme de neige approcher. Tu es prêt ?

Elle tapota la petite planche derrière son siège qu'elle avait construite spécialement pour lui. Olaf acquiesça.

– Mais avant de partir, répondit-il, je voudrais te présenter quelqu'un de spécial…

Anna regarda autour d'elle mais ne vit personne. Le petit bonhomme de neige leva la main et lui montra une pierre lisse et mouchetée.

– Mon animal de compagnie ! Je l'ai appelé Rocky. Je me suis dit qu'une pierre était un bon animal de compagnie pour commencer, chuchota-t-il.

– Qu'elle est mignonne ! renchérit Anna.

Olaf tint la pierre un peu plus haut pour qu'Anna puisse la regarder de plus près. Il la rapprocha de son visage.

– Tu ne veux pas lui dire bonjour ? s'impatienta-t-il.

ANNA EST :

Chaleureuse
Optimiste
Énergique
Extravertie
Bienveillante
Déterminée
Fidèle

SON RÊVE :

Être entourée d'amis et d'amour

MOMENT HÉROÏQUE :

Choisir de prendre la bonne décision pour sauver Arendelle et sa sœur, Elsa : détruire le barrage

COMPAGNON :

Olaf

CITATION CÉLÈBRE :

« Je crois en toi,
plus qu'en quiconque.
Ou en quoi que ce soit. »

Anna regarda autour d'elle, un peu gênée de parler à une pierre.

– Très heureuse de te rencontrer, Rocky, dit-elle finalement, en tapotant maladroitement la pierre, comme si elle caressait une petite souris.

Olaf gloussa. Il regarda la pierre et lui chuchota :

– Passe sur le siège de devant.

Il arracha du sol un morceau d'herbe qu'il plaça dans le panier du vélo pour faire un siège confortable.

– Et voilà ! dit-il, en posant doucement la pierre sur le lit d'herbe.

Anna s'assit sur la selle et appuya son pied fermement contre le pavé pour se tenir en équilibre.

– OK, Olaf, à ton tour ! lança-t-elle.

Olaf monta sur la planche et se trémoussa d'avant en arrière pour se mettre à l'aise en s'accrochant à la taille d'Anna avec ses bras en brindilles.

Anna commença à pédaler vers la ville, et alors qu'elle prenait de la vitesse, Olaf poussa un grand « Ahhhhhhh », juste pour écouter le son de sa voix trembloter alors que le vélo tressautait sur les bosses de la chaussée. Anna sourit en se souvenant de l'époque où elle faisait la même chose, lorsqu'elle était petite fille. Elle se joignit à lui, et ils entonnèrent ensemble un chant de « Ahhhh » vibrants jusqu'à ce qu'ils arrivent au marché.

Anna gara son vélo et Olaf descendit en sautant, puis se pencha vers le panier.

– On revient tout de suite, Rocky, souffla-t-il.

Alors que les deux amis se dirigeaient vers l'entrée du marché, Olaf apprit à Anna que l'anniversaire de Rocky aurait lieu quelques semaines plus tard.

– C'est vrai ? s'enthousiasma Anna.

– Oui, répondit le bonhomme de neige. Et je veux lui organiser une fête d'anniversaire surprise. J'aimerais bien que toi, Kristoff et Sven, vous m'aidiez. On pourrait fabriquer des couronnes en papier, préparer de la nourriture délicieuse et installer des décorations.

– Ça a l'air génial, Olaf. Bien sûr qu'on va t'aider. Je peux faire des *kransekake* si tu veux.

– Oui ! s'exclama le bonhomme de neige. Une fête n'est jamais complète sans notre célèbre gâteau à anneaux ! Ce sera la meilleure fête de tous les temps !

Ils entrèrent tous les deux dans le marché où de nombreux villageois faisaient leurs courses en discutant. Les bavardages cessèrent dès que les acheteurs aperçurent Anna et Olaf ; ils se retournèrent et s'inclinèrent pour saluer leur reine comme il se devait.

– Bonjour tout le monde, lança chaleureusement Anna.

– Bonjour ! chanta Olaf.

Alors qu'ils commençaient leurs emplettes, les gens les accueillaient avec des sourires enthousiastes et des poignées

– Nous avons cueilli toutes les mûres et nous les avons toutes préparées comme cadeau pour notre reine bien-aimée !

– Nous voulions que votre première saison de mûres en tant que reine soit spéciale, déclara un autre villageois.

– Super-spéciale pour notre reine super-spéciale ! lança un autre.

– À la Reine Anna d'Arendelle ! se mirent-ils tous à crier.

Anna aperçut les expressions de fierté sur les visages des villageois.

– Je ne sais pas quoi dire, commença-t-elle, je suis tellement émue par cette surprise. Merci !

Elle remercia à nouveau Mme Latham en prenant une tarte sur son plateau. Mais alors qu'elle goûtait sa première délicieuse bouchée, elle ne put s'empêcher d'être un peu triste. Elle garda malgré tout le sourire pendant que les villageois continuaient à lui offrir les gâteaux qu'ils avaient préparés.

Lorsqu'ils revinrent au château, Kristoff prit la main d'Anna.

– Je sais que tu étais très heureuse à l'idée de cueillir les mûres, murmura-t-il.

– Leur surprise était si attentionnée, mais…

– Tu n'as pas pu vivre l'expérience, et cela fait partie du plaisir, termina Kristoff. Je comprends. J'aime retirer moi-même la glace du fjord et je serais déçu si quelqu'un le faisait pour moi.

Anna se demandait s'il avait raison. Est-ce que c'était ce qu'elle éprouvait ? La tristesse de ne pas avoir cueilli les mûres ? Elle n'arrivait pas à mettre le doigt dessus. Elle se sentait si reconnaissante… mais alors, pourquoi était-elle aussi déçue au fond d'elle-même ?

– Ils avaient la meilleure des intentions, ajouta Kristoff. Ils l'ont fait parce qu'ils t'aiment vraiment beaucoup.

Anna savait que c'était vrai.

– Les choses sont différentes entre les villageois et moi et j'ai essayé d'arranger ça, pourtant…, lâcha-t-elle en soupirant. Je n'y suis pas arrivée…

– Tu trouveras bien un moyen, dit Kristoff. Comme toujours.

Elle sourit, réconfortée par les encouragements de Kristoff. Tout à coup, elle prit conscience de quelque chose.

– Oh, mais à présent je vais devoir attendre une année entière avant de pouvoir cueillir des mûres ! réalisa-t-elle.

– C'est vrai ? lui demanda Kristoff avec un sourire malin.

Il mit la main dans sa poche et en sortit une petite branche verte. Une parfaite mûre pendait à son extrémité.

– Je ne sais pas comment ils l'ont manquée. Il ne m'a fallu que quelques heures pour la trouver, dit-il en riant. Je sais que ce n'est pas la même chose, mais c'est le mieux que j'aie pu faire. Vas-y.

– Whaou, Kristoff ! s'exclama Anna. Merci !

Elle arracha la baie de sa tige et la mit dans sa bouche.

Les jours suivants, Anna fut si occupée par ses fonctions royales qu'elle n'eut guère le temps de réfléchir.

Lorsqu'elle n'était pas en train de rédiger des décrets ou de répondre aux demandes des villageois, elle aidait Olaf à préparer l'anniversaire surprise de Rocky. Avec Kristoff et Sven, ils avaient trouvé des idées pour la fête, et Olaf avait rédigé une liste pour rester organisé.

Puis ils passèrent du temps ensemble à fabriquer des couronnes en papier, des décorations et des confettis. Elle appréciait tellement leurs activités qu'elle en avait presque oublié la solitude qu'elle avait ressentie après le Festival des mûres.

Mais chaque fois qu'Anna quittait le château, on lui faisait comprendre à quel point ses relations avec les villageois avaient changé depuis qu'elle était devenue reine.

Auparavant, M. Hylton lui demandait souvent de l'aider à retrouver ses fausses dents perdues, mais ces jours-ci, Anna avait remarqué que sa fille le suivait partout pour s'assurer qu'elles restaient bien dans sa bouche.

Il y a peu de temps encore, elle aidait Mme Blodgett dans ses livraisons de pain. Elles s'amusaient tellement quand elles faisaient la course pour apporter du pain chaud aux villageois ! Mais, dernièrement, Mme Blodgett avait insisté pour faire les livraisons elle-même.

Et chaque fois qu'Anna passait devant l'école, aucun élève ne semblait avoir besoin d'elle pour des cours particuliers.

Aussi heureuse et honorée qu'Anna fût d'être devenue reine, quelque chose en elle regrettait la façon dont les choses se passaient auparavant. C'était presque comme si les villageois voyaient la « reine Anna » comme quelqu'un de différent : quelqu'un qui n'était plus « Anna ». Elle craignait que la distance entre elle et les villageois ne s'accentue et savait qu'elle devait faire quelque chose pour y remédier.

Le jour de la fête surprise de Rocky, Olaf aida Anna à décorer les *kransekake* en arrosant de glaçage chaque biscuit en forme d'anneau et en les empilant jusqu'à ce qu'ils forment une tour parfaite. Après qu'Olaf eut placé le dernier biscuit sur le dessus, tous deux le portèrent dans la salle à manger où Kristoff et Sven l'attendaient. Le jeune homme chargea les confettis dans le canon à confettis et le groupe mit en place les décorations

qu'ils avaient faites. Ils jetèrent enfin un regard autour de la pièce, satisfaits de l'ambiance de fête qu'ils avaient créée ensemble.

– OK, tout le monde, ordonna Olaf, mettez vos couronnes et cachez-vous. Je vais chercher Rocky.

Anna et Kristoff échangèrent un sourire et allèrent se cacher derrière les rideaux tandis que Sven réussissait à grand-peine à se glisser sous la table.

Quand Olaf revint, le groupe sauta pour crier : « Surprise ! » Kristoff déclencha le canon à confettis et des bouts de papier colorés furent projetés partout dans les airs.

– Ton trône, déclara Olaf en plaçant la pierre sur un petit lit d'herbe verte et douce qu'il avait installé sur la table.

Puis il posa la petite couronne sur la pierre et se mit à chanter : « Joyeux anniversaire, Rocky ! » Le groupe applaudit et regarda l'invité d'honneur assis sans bouger sur la table.

Olaf se tourna vers ses amis pour les remercier.

Anna et Kristoff échangèrent un regard confus.

– La fête est déjà finie ? demanda Kristoff.

– Rocky n'est qu'une pierre, tu te souviens ? expliqua le petit bonhomme de neige en riant. Le vrai plaisir était d'organiser la fête avec vous, les amis. Travailler ensemble pour faire tout ça, conclut-il en montrant d'un geste la salle colorée.

– Oui, on s'est bien amusés, confirma Anna en réfléchissant aux paroles d'Olaf. Organiser la fête et travailler ensemble, voilà ce qui était le plus amusant… n'est-ce pas ?

Elle se tourna vers Kristoff.

– Je crois bien que c'est ce qui m'a manqué. Le plaisir de travailler avec les villageois. Merci, Olaf. Tu es vraiment le meilleur ! finit-elle en l'embrassant.